Knaur

Kristiane Müller-Urban

So schmeckt's!

Gesund und lecker kochen für Kinder

Mit pfiffiger Geschmacksschule für Kids

Knaur

Kristiane Müller-Urban

So schmeckt's!

Gesund und lecker kochen für Kinder

www.knaur-ratgeber.de

Inhalt

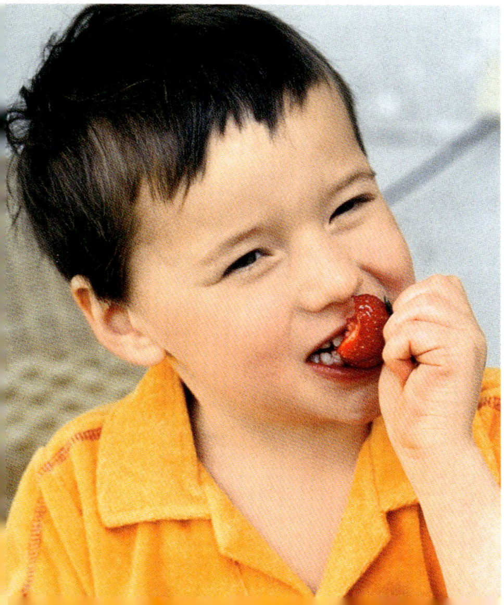

Vorwort

»Trink bitte deine Milch«, sagt die Mutter zu ihrer sechsjährigen Tochter Anna, »damit du, wenn du so alt bist wie Oma, keine Osteoporose bekommst!« Das wird Anna nicht überzeugen. Was bei Erwachsenen schon nicht funktioniert, klappt bei Kindern überhaupt nicht: vernünftige Ratschläge für Essen und Trinken.

Kristiane Müller-Urban weiß das. Darum schreibt sie ohne erhobenen Zeigefinger, gibt überzeugende Beispiele, warum Gebote und Verbote nichts bringen. Sie will in ihrem anschaulichen Buch zeigen, wie Kinder besser essen und trinken lernen. Dieser Lernprozess findet nicht im Kopf statt, sondern beim Einkaufen, beim Kochen, beim Essen. Gewohnheiten bilden sich durch Erfahrungen, die Kinder selbst erleben. Sie bilden sich nicht durch vernünftige Argumente oder kluge Sprüche.

Natürlich wissen deutsche Kinder längst, dass Schokolade nicht stark macht, nicht gesund ist. Aber sie mögen Schokolade. Sie wissen auch, dass Vollkornbrot nicht dick macht, gesund ist. Aber Vollkornbrot mögen sie nicht. Solange Ernährungserziehung »über den Kopf« stattfindet, lernen Kinder zwar richtige Informationen, doch beeinflussen diese nicht ihr Essverhalten.

Die Auswahl der Lebensmittel und Speisen ist überwiegend emotional bestimmt, bei Kindern wie bei Erwachsenen. Die klugen Argumente der Ernährungsaufklärung sorgen nicht dafür, dass anders gegessen wird. Nur wird häufig das, was gegessen wird, mit einem schlechten Gewissen verzehrt. Das ist keine gute Lösung.

Kristiane Müller-Urban beschreibt zunächst die wichtigsten Fakten für eine gesunde Ernährung – das ist für alle Mütter interessant. Sie beantwortet spannende Fragen: Puscht »Brainfood« schulische Leistungen? Bringt »Bio« Vorteile? Sind Vitamine immer unbedenklich?

Sie ergänzt dann – und das ist besonders wichtig – ihre Ernährungsinformationen durch spannende Berichte zum Thema Essen, denn Essen ist viel mehr als nur Ernährung. Ihre Geschmacksrallye lässt Kinder ihr Essen mit allen Sinnen erleben: Sie riechen, sehen, schmecken und matschen. So macht Essen Spaß, und diese Erfahrungen geben Kindern mehr als kluge Worte.

Natürlich sind beim Essenlernen die Eltern gefordert. Sie sind die Vorbilder, die ihren Kindern zeigen, was Essen ist. Eine Mutter mit Cola in der Hand wird ihren Sohn kaum von einer Apfelschorle überzeugen. Viele Spiele finden

Bei jedem Rezept finden sie Hinweise,

- *ob das Gericht auch für Kindergartenkinder geeignet ist,*
- *ob Sie es für eine Party verwenden können.*
- *auf besonders fettarme Gerichte,*
- *auf gut vorzubereitende oder*
- *Blitzgerichte, und darauf*
- *dass Ihr Kind hier bei der Zubereitung helfen kann,*
- *wie viele Kalorien das Gericht pro Portion enthält.*

sich im Buch, die zu einem tollen Familienevent genutzt werden können. So kann richtig Essen mit Spaß gemeinsam erlebt werden.
Die selbst geerntete Tomate auf dem Balkon schärft bei Kindern das Bewusstsein, dass Lebensmittel nicht im Supermarkt wachsen. Ein Ausflug aufs Land zeigt ihnen, dass Kühe nicht lila sind. Und das gemeinsame Familienkochen in der eigenen Küche lässt Kinder erleben, wie Speisen komponiert und zubereitet werden, die sie als Fertiggerichte im Supermarkt bereits gesehen haben.
Das Thema »Kochen« wird von Kristiane Müller-Urban im zweiten Teil ihres Buches hervorragend dargestellt. So kann das Kind mitkochen, heißt es. Damit werden zahlreiche Gelegenheiten eröffnet, die Kinder in der praktischen Anwendung zu trainieren, wie gekocht, wie dekoriert und wie dann gemeinsam gegessen wird.
Kristiane Müller-Urban hat 144 Seiten interessant und kreativ gefüllt. Ihr Ratgeber »So schmeckt's!« ist für Familien eine große Chance, dem gemeinsamen Essen wieder den Stellenwert zu geben, der ihm zukommt. In einer Zeit, in der Kochkenntnisse rapide schwinden, Supermärkte in allen Bereichen Halbfertig- und Fertiggerichte anbieten, Fastfood dem Außer-Haus-Verzehr seinen Stempel aufdrückt, in dieser Zeit ist es besonders wichtig, sich zu besinnen, welchen Stellenwert unser Essen für die Lebensqualität hat.
Der bewusste Einkauf von Lebensmitteln, die kreative Zubereitung in der Küche, die Gestaltung des Tisches und das gemeinsame Essen sind Erlebnisse, auf die kaum jemand verzichten möchte, der sie bereits genossen hat. Doch um sich diese Erlebnisse zu gönnen, sind neben Informationen vor allem Fertigkeiten notwendig, die gelernt und trainiert werden müssen.
Liebe Eltern, sorgen Sie bitte dafür, dass Ihre Kinder gerne (und gesund) essen, dass sie sich in der Küche wohl fühlen und als Hobbyköche erfolgreich sind, dass sie einen gedeckten Tisch zu schätzen wissen und als Kenner ihr Essen genießen können. Dieser Ratgeber hilft Ihnen, damit Ihre Kinder dieses Stück Lebensqualität erleben. Auch Sie werden Ihr Vergnügen daran haben!
Viel Spaß in der Küche und guten Appetit in gemeinsamer Runde wünscht Ihnen und Ihrer Familie

Ihr

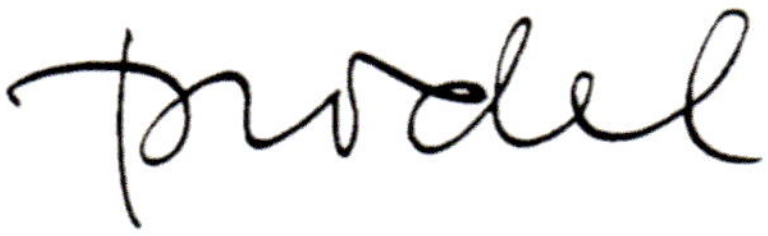

Prof. Dr. Volker Pudel
Leiter der Ernährungspsychologischen Forschungsstelle Universität Göttingen

Eine Extra-Portion Nährstoffe und Vitamine enthalten unsere Fitmacher-Gerichte. Das sind besonders ausgewogene Speisen für alle Kinder. Bei diesen Rezepten finden Sie eine genaue Aufstellung der enthaltenen Inhaltsstoffe.

Fitmacher Rezept

Richtig essen – wie geht das?

Die wichtigsten Inhaltsstoffe unserer Nahrung

DARF ICH AUFSTEHEN?

Kleine Kinder dürfen vom Tisch gehen und spielen, wenn sie mit dem Essen fertig sind. Schön wäre es, wenn sie vorher fragen, ob sie aufstehen dürfen. Ältere Kinder können bis zu 15 Minuten mit den Eltern am Tisch sitzen bleiben. Kinder verstehen durchaus, dass es die Höflichkeit eigentlich gebietet, zu warten, bis auch der Letzte mit dem Essen fertig ist.

Mahlzeit! – Vom Essen mit Kindern

Warum nur fließen gerade am Familientisch so viele Tränen? Das liegt nicht zuletzt daran, dass die gemeinsamen Mahlzeiten oft die einzigen Anlässe sind, an denen die Familie vereint zusammensitzt. Und diese Situation wird gern als Gelegenheit genutzt, die Kinder zu erziehen, sie zurechtzuweisen. Eltern diskutieren über Probleme im Büro, Kinder werden auf schlechte Schulnoten angesprochen. Kein Wunder, dass eine solche Stimmung bei Tisch Kinder nicht zu lustvollem Essen und Spaß am gemeinsamen Mahl anregt.
Nicht zuletzt testen schon kleine Kinder die Geduld ihrer Eltern auch gern bei Tisch aus: Wie oft hebt Mama den Löffel wieder auf, wenn er mir runterfällt? Wie lange muss ich mit dem Stuhl kippeln, bis Papa explodiert? Wie tief kann ich mein Spielzeugmännchen ins Wasserglas tauchen, bis alles überläuft?

Tischregeln

Stellen Sie deshalb für Ihre Familie Tischregeln auf, die jedes Familienmitglied kennt und akzeptieren muss – und üben Sie sich ansonsten in Geduld und Gelassenheit. Folgende Regeln haben sich am Familientisch bewährt:

- Gegessen wird (außer etwa bei Krankheit) immer am Tisch und nicht vor dem Fernseher.
- Während des Essens wird am Tisch nicht gespielt, nicht gelesen und es werden keine Streitfragen besprochen. Ein freundlicher Umgangston mit den Kindern und unter den Eltern ist selbstverständlich.

- Keiner wird gezwungen, etwas zu essen, worauf er keinen Appetit hat.
- Wer satt ist, hört auf zu essen.
- Und wie überall im Leben gibt es die berühmte Ausnahme von der Regel: Kleine Kinder bis zu etwa fünf, sechs Jahren dürfen, besonders wenn sie sich einmal nicht wohl fühlen, von Husten und Schnupfen geplagt werden, ihr Kuscheltier oder ihre Puppe während der Mahlzeit im Arm halten. Sie dürfen auch ihr Lieblingsspielzeug, wenn es nicht zu groß ist, neben den Teller legen. Ein Matchbox-Laster wird aber nicht mit Reis oder Erbsen gefüllt und über den Tisch geschubst. Kann das Kind der Versuchung nicht widerstehen, gilt ab sofort die Regel: kein Spielzeug auf dem Tisch.

Ich habe keinen Hunger!

Warum haben viele Kinder zu den drei Hauptmahlzeiten keinen oder nur wenig Appetit? Weil sie zwischendurch Eis, Schokoriegel, Gummibärchen und andere Süßigkeiten oder eine Tüte Salzstangen oder Chips gegessen haben. Oder sie haben tatsächlich noch keinen Hunger, denn ihr Körper gewöhnt sich erst langsam daran, dass er die größte Nahrungsmenge während der drei Hauptmahlzeiten bekommt. Kindern sollten drei größere und zwei kleinere Mahlzeiten am Tag angeboten werden. Die kleinen Mahlzeiten sind wichtig, weil Kinder beim Lernen, Laufen und Spielen viele Kalorien verbrauchen, die auch zwischendurch ersetzt werden müssen. Kleine »Tanks« sind einfach schneller leer als große. Bei Hunger und/oder Durst werden Kinder quengelig, sie streiten sich, zappeln und wissen selbst nicht warum. Ein kleiner nährstoffreicher Snack und ein Glas Milch, Tee oder verdünnter Fruchtsaft bringen die verloren gegangene Energie schnell wieder zurück.

Die drei Hauptmahlzeiten sollen möglichst immer zur gleichen Zeit eingenommen werden. Die beiden Zwischenmahlzeiten sorgen dafür, dass die Kinder die Zeit bis zur nächsten Hauptmahlzeit mit voller Kraft und Tatendrang durchstehen können. Mit Zwischenmahlzeit ist hier nicht das Stück Torte gemeint. Gewöhnen Sie Ihre Kinder von klein auf an frisches Obst und Gemüse. Kinder lieben es, an Möhrenstreifen zu knabbern, sie mögen knackige rote und gelbe Paprikaschoten, sie beißen gern in dünne Kohlrabischeiben und saftige Gurkenstifte. Und Kinder essen gern süße Beeren und ausgereifte Früchte. Dazu gibt es bei großem Hunger eine Scheibe Brot mit etwas Butter und Käse oder fettarmer Wurst, selbst gebackene Muffins, Kekse oder Kräcker.

Das Auge isst mit!

Es dauert nicht lange, dem Kind eine Zwischenmahlzeit hübsch anzurichten. Schneiden Sie festes Obst in kleine Spalten, die Sie sternförmig auf einem Teller anordnen. Oder würfeln Sie das Obst und stecken kleine Holzspieße hinein. Auch hübsch angerichtete Streifen von bunten Paprikaschoten, halbierte oder ganze Kirschtomaten und Gurkenstifte sind immer willkommen.

KINDER ESSEN WIE KINDER

Kinder sind keine kleinen Erwachsenen, die wie die Großen vernünftig jeden Teller leer essen. Mal verputzen Kinder morgens besonders viel, mal mittags. Bedenken Sie: Bei uns ist noch kein Kind verhungert, wenn ihm genügend Nahrung angeboten wird. Bleiben Sie also ganz gelassen!

Wenn das Wörtchen wenn nicht wär

Es ist doch gar nicht so schwierig, sich und seine Familie gesund zu ernähren – wenn, ja, wenn das Wörtchen wenn nicht wär,

- wenn wir uns mehr Zeit zum Einkaufen und Kochen nehmen würden,
- wenn wir nach einem Tag mit Fastfood am folgenden Tag mehr Obst, Gemüse, Salat und Milch verzehren würden,
- wenn wir unseren Kindern gesundes Essverhalten vorleben würden,
- wenn wir Kuchen, Süßwaren, fettreiche und salzige Speisen, Alkohol und süße Getränke nur selten genießen würden.

+++ TIPP +++ TIPP +++

Gesundes zwischendurch

Größere Kinder holen sich ihre Zwischenmahlzeiten selber. Deshalb: keine Chips und Süßigkeiten im Schrank oder offen in der Küche. Immer eine Schale mit frischem Obst in die Küche stellen, Vollkornbrot und vegetarische Aufstriche griffbereit halten.

Wenn Gesundes angeboten wird, essen Kinder auch gesund

Babys, die gestillt werden, sind nicht unter- oder übergewichtig. Sie saugen so lange an der Brust, bis sie satt sind. Ein Experiment der Ärztin Clara Davis zu Beginn des 20. Jahrhunderts hat ergeben, dass sich schon sehr kleine Kinder aus einer Auswahl roher und gekochter Nahrung immer das Beste für sich auswählen. Angeboten wurden Fleisch, Fisch, Gemüse und Obst, alle Speisen waren nur wenig aufbereitet, das heißt mit einfachen Methoden verarbeitet und kaum verfeinert. Alle Kinder waren nach dem wochenlangen Experiment in einer sehr guten Verfassung. Zum Angebot gehörten weder Brot und Kuchen, weder Süßigkeiten noch Schokolade, keine Nudeln, kein Reis, keine Pommes frites und Hamburger, keine Fruchtjoghurts und Puddings.

Was glauben Sie, wonach die Kinder gegriffen hätten, wäre ihr Tisch mit Pommes, Würstchen, Kuchen und Torten, Keksen, Limo und Colagetränken gedeckt worden? Da Kinder eine angeborene Vorliebe für Süßes haben, hätten sie vermutlich erst einmal zu allem Süßen und Fetthaltigen gegriffen.

Wenn jeden Tag auf dem Frühstückstisch ein Glas mit Nussnugatcreme steht, ist es klar, dass die Kinder ihre Brote damit schmieren. Wie wäre es, wenn dieser süße und fettreiche, aber nährstoffarme Aufstrich nur sonntags auf den Tisch kommt? Das Kind verhungert nicht, wenn Kuchenstückchen fehlen; es greift zu Brot, Aufschnitt, Käse, Obst und Gemüse und freut sich auf den Sonntag, wenn auf dem Frühstückstisch etwas Besonderes wartet.

Kleine Kinder regulieren ganz allein die Speisenmenge, wenn ihnen nichts aufgezwungen wird. »Du musst die Bohnen essen, dann wirst du stark wie Pippi Langstrumpf!« – dass Kinder auf solche Aufforderungen nicht hereinfallen, merken Eltern sehr schnell. Ihr Kind will selbstständig entscheiden, wie viel und was es essen möchte! Und vielleicht möchte es gar nicht so stark werden wie Pippi Langstrumpf. Wichtig ist, dass Sie eine ausgewogene Ernährung anbieten und dass es zu den Nahrungsmitteln, die Sie für Ihr Kind vorgesehen haben, keine ungesunden Alternativen in Reichweite der Kinder gibt. Kinder sollen keinen unbegrenzten Zugang zu Süßigkeiten haben. Sie sollen auch nicht selbstständig die Tüte mit Chips und Flips aus dem Schrank holen oder mit der Freundin oder dem Kumpel eine Familienpackung Eis auslöffeln.

Ohne Kraftstoff keine Bewegung

Nichts bewegt sich ohne Zufuhr von Energie. Autos, Busse und Bahnen, Flugzeuge und Schiffe stehen still, wenn sie nicht mit Kraftstoff »gefüttert« werden. Auch alle Pflanzen sind auf Nahrung, Wasser und Nährstoffe aus dem Sonnenlicht und dem Erdboden angewiesen, um zu gedeihen. Und wenn Mensch und Tier nicht essen und trinken, sind die Batterien ebenfalls bald leer; nichts bewegt sich mehr.

Jeder Mensch muss jeden Tag ausreichend Flüssigkeit und Nahrung zu sich nehmen, die sich aus Kohlenhydraten, Eiweiß und Fett sowie Vitaminen und Mineralstoffen zusammensetzt. Kinder brauchen regelmäßig nährstoffreiche und vollwertige Kost. Und darum geht es in diesem Buch. Wir wollen jedoch weder Pommes rot-weiß noch Pizza und Döner, Eis und Süßigkeiten vom Speisezettel verbannen. Für alle, die sich um Kinderernährung kümmern, ist es aber wichtig zu wissen, was ein Kind braucht, damit es mit allen lebensnotwendigen Nährstoffen versorgt ist, gesund bleibt, sich wohl fühlt und groß und kräftig wird.

Wer Kinder erzieht, ist auch dafür verantwortlich, dass diese lernen, sich gesund zu ernähren. Verbieten Sie Hamburger und Schokoküsse nicht kategorisch – das erzeugt nur Widerspruch oder Heimlichkeiten. Erklären Sie, warum manche Speisen nur selten verzehrt werden sollen. Kinder sind verständiger, als manche Erwachsene glauben. Schon Sechsjährigen kann man erklären, was Vitamine und was Zusatzstoffe sind und warum immer nur Pommes frites mit Ketchup oder Marmeladenbrote keine vollwertige Nahrung darstellen. Handeln Sie doch einen Kompromiss aus, wenn Ihr Kind beharrlich auf seiner Lieblingsspeise besteht: Du darfst einen Hamburger oder Pommes frites essen, wenn du dazu etwas frischen Salat oder Rohkost und hinterher ein Stück Obst isst.

Kleine Ernährungslehre

Der menschliche Körper ist so konstruiert, dass er nicht gleich krank wird, wenn ihm über eine längere Zeit bestimmte Nährstoffe fehlen. Je nachdem, was fehlt und wie lange, stellen sich über kurz oder lang jedoch Unwohlsein,

+++ TIPP +++ TIPP +++

Milchshakes sind cool

Manche Kinder, die Obstmuffel sind oder Milch ablehnen, nehmen beides gerne in Form eines Milchshakes zu sich. Dafür brauchen Sie einen Standmixer oder einen Pürierstab.

Süßes Obst wie Bananen klein schneiden und mit halb Joghurt, halb Milch mischen. Saures Obst nur mit Milch mixen.

Langsam umstellen

Wenn Sie beschließen, sich und Ihre Familie ab sofort gesünder zu ernähren, dann machen Sie das bitte nicht im Hauruck-Verfahren, sondern ganz allmählich. Bieten Sie zusätzlich zum gewohnten Weißbrot auch leckeres Vollkornbrot an. Stellen Sie nach jeder Mahlzeit einen Obstkorb mit schönen Früchten auf den Tisch.

Kohlenhydrat- und ballaststoffreich

Die Nahrung der Kinder soll zu etwa 50 Prozent oder mehr aus kohlenhydratreichen Nahrungsmitteln bestehen. Zwar enthalten auch alle zuckerhaltigen Nahrungsmittel und Getränke Kohlenhydrate, diese gelten aber als »leer«, weil sie keine oder kaum Nährstoffe enthalten.

Wertvolle Kohlenhydrate und Ballaststoffe enthalten

- *Pellkartoffeln*
- *Vollkorngetreide wie Hafer, Weizen, Dinkel, Grünkern, Buchweizen, Gerste, Roggen, Hirse*
- *Naturreis*
- *Vollkorngrieß*
- *Produkte aus Vollkorngetreide wie Brot, Gebäck, Müsli, Nudeln, Haferflocken, Getreideflocken*
- *Hülsenfrüchte wie Erbsen, Linsen, Bohnen, Kichererbsen, Sojabohnen*
- *Beeren, Bananen, Obst*
- *Gemüse*

körperliche Beschwerden oder gar Krankheiten ein. Ein Kind soll gesund groß und kräftig werden. Deshalb sind die Eltern dafür verantwortlich, dass ihr Kind mit allen Nährstoffen versorgt wird, damit es später ein gesundes Leben führen kann. Es ist erwiesen, dass die meisten Zivilisationskrankheiten auf falsche Ernährung und mangelnde Bewegung zurückzuführen sind. Falsch heißt: zu viel, zu fett, zu süß, zu salzig, zu einseitig und zu viel Alkohol.
Wenn deutsche Ärzte und Erzieher Alarm schlagen, weil viel zu viele Kinder zu dick sind, dann müssen die Erwachsenen umdenken, ihren Kindern gesunde Kost anbieten und die Kinder animieren, sich mehr mit Freunden an der frischen Luft zu bewegen. Wenn es in einer Familie üblich ist, üppig und viel zu essen, viel von der Industrie verarbeitete Nahrung aufzutischen, dann muss den Eltern geholfen werden, indem man ihnen erklärt, was gesund ist und warum nährstoffreiche Nahrung wichtig für das Wachstum des Kindes ist. Deshalb hier eine kleine Ernährungslehre, die helfen soll, die Tüte Chips beiseite zu legen und stattdessen lieber in einen rotbackigen Apfel oder eine süße Möhre zu beißen.

Kohlenhydrate und Ballaststoffe

Kohlenhydrate aus stärke- und ballaststoffhaltigen Nahrungsmitteln machen satt und halten lange vor. Die Bausteine, aus denen Kohlenhydrate bestehen, sind Zuckermoleküle. Je nachdem, wie viele eine Kette bilden, spricht man von Einfachzucker (Traubenzucker), Doppelzucker (Rüben- und Rohrzucker, Milchzucker) und Vielfachzucker (Stärke aus Getreide, Kartoffeln, Gemüse und einigen Obstsorten). Zucker und Süßwaren enthalten Doppel- oder Zweifachzucker, sie gehen schnell ins Blut und halten nicht lange vor. Kohlenhydratreiche Nahrungsmittel mit Vielfachzucker sind komplizierter aufgebaut. Diese werden im Körper langsam verdaut und erst dann an das Blut abgegeben. Daher ist der Mensch nach dem Genuss von 50 Gramm Vollkornbrot (das entspricht rund 100 kcal) länger satt als etwa nach einem 50-Gramm-Schokoriegel (280 kcal).
Ballaststoffe sind ausschließlich in pflanzlichen Nahrungsmitteln enthalten. Obwohl sie vom Körper nicht verdaut werden, erfüllen sie als Füll- und Quellstoffe eine wichtige Aufgabe im Stoffwechsel. Ballaststoffe fördern die Verdauung. Trotz ihres Namens sind sie kein Ballast für den Körper, sondern lebensnotwendige Stoffe, die zahlreiche Krankheiten verhindern können.

Eiweiß

Protein (Eiweiß) ist unerlässlich für Körper und Geist. Wir müssen es unserem Körper täglich zuführen. Dieser Nährstoff kommt sowohl in tierischen wie in pflanzlichen Nahrungsmitteln vor. Im Darm wird das Protein in Aminosäuren zerlegt, von der Darmwand aufgenommen und im Körper in körpereigenes Eiweiß umgewandelt. Aminosäuren, die unser Körper nicht selbst herstellen kann, müssen ihm mit der Nahrung zugeführt werden. Diese Aminosäuren nennt man lebensnotwendig (essenziell). Besonders günstig auf unseren Organismus wirkt sich eine Kombination von tierischem und pflanzlichem Eiweiß aus.

Ernährungswissenschaftler empfehlen folgende Lebensmittel-Kombinationen als besonders wertvoll:

- Getreide (Reis, Brot) mit Milch, Fleisch oder Fisch
- Kartoffeln mit Ei, Milch, Quark oder Käse
- Hülsenfrüchte mit Getreide (Brot, Reis) oder Ei

Nicht jedes Eiweiß besitzt den gleichen Wert für den Körper, man spricht deshalb von der biologischen Wertigkeit, die besagt, wie viel Gramm Körpereiweiß durch ein Nahrungseiweiß ersetzt werden kann. So beträgt die biologische Wertigkeit von Eiern 100, von Bohnen und Linsen 72 und von Haferflocken oder Naturreis etwa 60. Hülsenfrüchte und volles Korn enthalten also sehr viel wertvolles pflanzliches Eiweiß.

+++ TIPP +++ TIPP +++

Kinder an die frische Luft

Vitamin D wird unter anderem unter Einwirkung der Sonne auf die Haut gebildet. Deshalb sollte man sich täglich eine Stunde, Kinder am besten zwei Stunden, im Freien aufhalten. Vitamin D sorgt außerdem dafür, dass das mit der Nahrung aufgenommene Kalzium verwertet werden kann.

Eiweißreiche Nahrungsmittel

Etwa 15 Prozent der täglich aufgenommenen Nahrung soll aus Eiweiß bestehen, und zwar zur Hälfte aus tierischem und zur Hälfte aus pflanzlichem Eiweiß.

Folgende Nahrungsmittel sind reich an Eiweiß

- *Eier*
- *mageres Fleisch*
- *mageres Geflügelfleisch*
- *Fisch (Forelle, Karpfen, Kabeljau, Schellfisch, Seelachs, Rotbarsch, Hering, Makrele, Scholle)*
- *Milch und Milchprodukte (Joghurt, Kefir, Dickmilch, Buttermilch, Ayran, Molke, Quark, Käse)*
- *Hülsenfrüchte*
- *Getreide*
- *Kartoffeln*

Fettarme Nahrungsmittel

Kinder sollen mit der Nahrung täglich nicht mehr als 30 bis 35 Prozent der Energie aus Fett aufnehmen. Tierische Fette sind weniger gesund als pflanzliche. Fettreich sind besonders Butter, Wurst, fettreiches Fleisch, Käse, Margarine, Pommes, Chips, Gebäck, Kuchen und Torten, Schokolade, Eis. Kalt gepresste, native Pflanzenöle enthalten lebensnotwendige ungesättigte Fettsäuren.

Besonders fettarm sind

- *mageres Fleisch und Geflügel, Wild*
- *magerer Fisch*
- *magerer Aufschnitt wie Corned Beef, Lachsschinken, Bratenaufschnitt, gekochter Schinken, Geflügelwurst, Geflügel- und Gemüsesülzen*
- *Käse mit maximal 30 Prozent Fett in der Trockenmasse, besonders fettarm ist Harzer Käse*
- *Magerquark*
- *fettarme Milch, Buttermilch, fettarmer Joghurt, Ayran*
- *alle Obst-, Gemüse- und Salatsorten*
- *Brot und Knäckebrot*

Fett – hält fit und macht fett

Fett versteckt sich gern, und zwar in Gebäck, Schokolade, Eis, Saucen, Wurst, Käse und vielen Fertiggerichten. Viele, die sich und ihre Familie fettarm ernähren möchten, verkneifen sich das Butterbrot, finden aber einen Müsliriegel, ein Bratwurstbrötchen oder einen Hamburger zwischendurch völlig in Ordnung. Sie realisieren nicht, dass in einem solchen Imbiss etwa drei- bis fünfmal so viel Fett wie im Butterbrot enthalten ist.
Bei den Fetten unterscheidet man zwischen tierischem und pflanzlichem Fett. Beide liefern gleich viel Energie, unterscheiden sich aber im Fettsäuremuster. Fette enthalten gesättigte Fettsäuren, einfach ungesättigte Fettsäuren und mehrfach ungesättigte Fettsäuren. Einige mehrfach ungesättigte Fettsäuren wie die Linolsäure sind lebensnotwendig.

Tierische Fette, gehärtete Pflanzenfette und Kokosfett enthalten vor allem gesättigte Fettsäuren, die sollte man meiden. Bei den pflanzlichen Fetten überwiegen die ungesättigten Fettsäuren. Sie sind enthalten in Olivenöl, Weizenkeimöl, Sojaöl, Rapsöl, Sonnenblumenöl und Distelöl. Je schonender die Öle gewonnen wurden, desto mehr wertvolle Fettsäuren bleiben erhalten. Kalt gepressten und nativen Ölen sollten Sie deshalb den Vorzug geben. Die ungesättigten Fettsäuren tragen dazu bei, den Cholesterinspiegel zu senken. Wer Fett generell verteufelt, tut ihm Unrecht. Fette sorgen dafür, dass unsere Organe elastisch bleiben, der Körper genügend Energie bekommt, auch für »schlechte Zeiten« Energievorräte bereitstehen und dass unser Körper die fettlöslichen Vitamine A, D, E und K aufnehmen kann. Bei den mehrfach ungesättigten Fettsäuren ist es besonders die Linolsäure, die zum Leben wichtig ist. Sie ist Baustoff für Zellwände, Hormone, Gallensäure und die körpereigene Vitamin-D-Bildung. Menschen, die über längere Zeit einen Mangel an mehrfach ungesättigten Fettsäuren erleiden, können Mangelsymptome wie vermindertes Wachstum, Hauterkrankungen, Nierenschäden, einen gestörten Wasserhaushalt sowie Sterilität aufweisen.
Trotzdem sollten Fette nicht im Übermaß aufgenommen werden, sie liefern doppelt so viele Kalorien wie Kohlenhydrate und Eiweiß. Versuchen Sie besonders den Verzehr tierischer Fette einzuschränken. Sichtbares Fett an Fleisch, Geflügel und Aufschnitt am besten immer wegschneiden. Ein Übermaß an tierischen Fetten erhöht auch das Herzinfarktrisiko.

Vitamine – lebensnotwendig

Bis weit ins 19. Jahrhundert waren Vitamine unbekannt. Kein Mensch wusste, dass Vitamine lebensnotwendig sind und mit der Nahrung aufgenommen werden müssen. Allerdings hatten Seefahrer schon im 18. Jahrhundert festgestellt, dass die gefürchtete Mangelkrankheit Skorbut mit Sauerkraut und Zitrusfrüchten verhindert werden konnte – warum das so war, wussten sie nicht. Die Ascorbinsäure, das Vitamin C, wurde erst 1932 aus Zitronen isoliert.

Eine andere gefürchtete Vitaminmangelkrankheit, die das Herz-Kreislauf-System durcheinander bringt, ist Beriberi. Sie tritt auf bei Menschen, die sich fast ausschließlich von geschältem Reis ernähren – ohne Gemüse und Fleisch. In der abgeschliffenen Reisschale, so folgerte man, musste sich ein lebensnotwendiger Stoff befinden. Dieser Stoff, Vitamin B1, wurde erst 1914 entdeckt. Der Entdecker, Casimir Fink, nannte diesen Stoff Vita (= Leben) und Amin für Amine. Später entdeckte man auch aminfreie Vitamine, aber da hatte sich das Wort Vitamin schon durchgesetzt.

Pellagra, eine Hauterkrankung, entsteht, wenn Menschen sich ausschließlich von Maisbrei ernähren; ihnen fehlt unter anderem das Vitamin Niacin. Auch Rachitis ist eine Vitaminmangelerkrankung. In diesem Fall fehlt Vitamin D. Sie traf früher vor allem schlecht ernährte Kinder, die in lichtarmen, engen Wohnungen aufwachsen mussten.

Diese Beispiele zeigen, dass sich ein Vitaminmangel durch verschiedene Krankheiten äußert. Einen allgemeinen Vitamin- und Mineralstoffmangel erkennt man unter anderem daran, dass Infektionskrankheiten sich häufen, die Haut spröde und rissig wird, die Haare stumpf werden und ausfallen, das Zahnfleisch blutet, Risse an den Mundwinkeln, brüchige Fingernägel und Ekzeme auftreten. Durch ständigen Vitaminmangel kann es zu irreparablen, lebensbedrohlichen Erkrankungen kommen.

Grundsätzlich wird zwischen wasserlöslichen und fettlöslichen Vitaminen unterschieden. Zu den wasserlöslichen gehören die acht Vitamine des B-Komplexes sowie Vitamin C. Nahrungsmittel, die diese Vitamine enthalten, dürfen nie lange im Wasser liegen. Wasserlösliche Vitamine finden wir in Getreide, Obst und Gemüse, Kartoffeln, Salaten, Kräutern und in tierischen Nahrungsmitteln wie Fleisch, Milch und Käse.

Fettlöslich sind die Vitamine A, Betacarotin (Provitamin A, Vitamin-A-Vorstufe), D, E und K. Nahrungsmittel, die fettlösliche Vitamine enthalten, sollten

Vitaminzusätze in der Kindernahrung?

Zahlreiche Lebensmittel werden mit künstlich hergestellten Vitaminen angereichert. Sie haben jedoch nicht den gleichen gesundheitlichen Effekt wie die natürlich in Lebensmitteln vorkommenden Vitamine. Natürliche Nahrungsmittel enthalten neben den Vitaminen eine Fülle sekundärer Pflanzenstoffe, die sich positiv auf unsere Gesundheit auswirken. Viele davon sind noch nicht erforscht. Sie müssen deshalb in ihrer Naturform, mit rohem oder gegartem Obst, Gemüse oder Getreide aufgenommen werden. In Ausnahmefällen sind künstlich hergestellte Vitamine aber zu befürworten: Vitamin B1 muss laut Gesetz der Babynahrung zugefügt werden, weil es nicht ausreichend mit der Nahrung aufgenommen wird.

+++ TIPP +++ TIPP +++

Gemüse: knackig und frisch

Obst und Gemüse am besten immer frisch einkaufen und bald verzehren. Lange Lagerzeiten, auch im Gemüsefach des Kühlschranks, mindern den Vitamingehalt. Schrumpelige Kartoffeln und welke Salatköpfe liegen lassen. Ihr Vitamingehalt liegt bei fast null.

Sie stets mit ein wenig Fett verzehren, damit der Körper das Vitamin aufnehmen kann. Es reicht aber, das Fett in engem zeitlichem Zusammenhang zu essen. Knabbert Ihr Kind also nachmittags Möhren, dann genügt das Fett aus dem abendlichen Kräuterquark oder Butterbrot. Vitamin A findet sich ausschließlich in tierischen Nahrungsmitteln, besonders in Innereien wie Leber. Das Provitamin A (Betacarotin) befindet sich in allen gelben, roten und orangefarbenen, aber auch grünen Gemüse- und Obstarten. Vitamin E finden wir in pflanzlichen Fetten und Ölen, Getreide, Nüssen und Gemüse.
Besonders viel Vitamin D enthalten Lebertran sowie einige fettreiche pflanzliche und tierische Nahrungsmittel: fetter Fisch (Lachs, Hering, Tunfisch, Aal, Sardine), Eier, Avocados, Pilze. Vitamin K befindet sich in fettreichen Milchprodukten, Fleisch, Getreide sowie in bestimmten Gemüsearten wie Spinat und Kohl, besonders Rosenkohl und Sauerkraut.

Lichtempfindliche Vitamine E und K

Kaufen Sie die wertvollen Pflanzenöle am besten in dunklen Flaschen und bewahren Sie sie an einem dunklen Ort auf. Licht zerstört das in den Ölen enthaltene Vitamin E. Auch Vitamin K ist lichtempfindlich. Obst und Gemüse deshalb am besten im Kühlschrank aufbewahren und bald verzehren.

Mineralstoffe und Spurenelemente

Mineralstoffe sind anorganische Elemente, die der Mensch über die Nahrung aufnehmen muss. Man teilt sie in Mengen- und Spurenelemente. Sie werden in kleinsten Mengen (Milligramm oder Mikrogramm) mit der Nahrung aufgenommen und sind unverzichtbar für unser Blut, unsere Knochen, Nerven, Hormone, Muskeln sowie für viele andere lebensnotwendige Funktionen in unserem Körper. Funktion und Bedeutung der Mengenelemente Natrium, Chlor, Kalium, Kalzium, Phosphor, Magnesium und Schwefel sind weitgehend bekannt. Das Geheimnis der Spurenelemente Arsen, Kobalt, Chrom, Kupfer, Fluor, Eisen, Jod, Mangan, Molybdän, Nickel, Selen, Silicium, Vanadium, Zinn und Zink konnte die Wissenschaft noch nicht vollständig lüften.
Chrom, Selen und Zink sind unverzichtbar und üben wichtige Funktionen im Körper aus. Eisen ist Bestandteil des Blutes. Eine fahle Gesichtsfarbe weist auf Eisenmangel hin. Zu den eisenhaltigen Nahrungsmitteln gehören Fleisch, Leber, Spinat und Vollkornprodukte. Wird zu eisenhaltigen Speisen Vitamin C in Form von beispielsweise Orangensaft, Paprikagemüse oder Tomatensalat gereicht, erleichtert dies die Eisenaufnahme im Körper.
Deutschland ist Jodmangelland. Die Folge: ein Kropf. Zur besseren Jodversorgung empfiehlt die Deutsche Gesellschaft für Ernährung, zweimal in der Woche frischen Seefisch zu verzehren. Empfehlenswert ist es auch, die Speisen mit Jodsalz zu würzen.

+++ TIPP +++ TIPP +++

Nicht zu viele Möhren

Babys und Kleinkinder sollten nicht allzu viel Möhrensaft und Möhrenbrei bekommen. Die »gesunde« gelbliche Hautfarbe kann später zu Hautirritationen führen.

Die Vitamine A bis K

Fettlösliche Vitamine

Vitamin A ist das Augenvitamin. Einen Mangel an diesem Vitamin erkennt man unter anderem an einer verminderten Sehfähigkeit.
Wichtige Vorkommen: Fleisch, Leber, Fisch, Eier, Milch, Käse.
Betacarotin schützt das Gewebe vor aggressiven Sauerstoffverbindungen.
Wichtige Vorkommen: alle roten und orangefarbenen Gemüse- und Obstsorten wie Paprika, Aprikosen, Schattenmorellen, Möhren und dunkelgrüne Pflanzen wie Rosenkohl, Grünkohl, Spinat, Feldsalat und Hülsenfrüchte.
Vitamin D wird im Körper gebildet. Durch ausreichende Sonneneinstrahlung auf die Haut wandelt der Körper die Vitamin-D-Vorstufen in das Vitamin um. Kinder sollen deshalb so häufig wie möglich im Freien spielen. Vitamin D sorgt für kräftige Knochen und Zähne.
Wichtige Vorkommen: Leber, Fisch, Eier, Butter, Avocados, Käse und Pilze.
Vitamin E sorgt für den Zellschutz, für einen guten Energiestoffwechsel und unterstützt das Gewebewachstum und die Bildung von roten Blutkörperchen.
Wichtige Vorkommen: pflanzliche Öle wie Weizenkeimöl, Sonnenblumenöl, Raps- und Distelöl, Olivenöl, fettreicher Fisch, Garnelen, Nüsse, Fleisch, Milch, Eier, Vollkornprodukte.
Vitamin K ist wichtig für die Blutgerinnung und sorgt für eine gute Aufnahme von Mineralstoffen in den Knochen.
Wichtige Vorkommen: grünes Gemüse, Sauerkraut, Blumenkohl, Fleisch, Fisch, Pflanzenöl, Vollkornprodukte und Käse.

Wasserlösliche Vitamine

Vitamin B1 sorgt für gute Nerven und Muskeln.
Wichtige Vorkommen: Hefeflocken, Sonnenblumenkerne, Vollkorn, Naturreis, mageres Schweinefleisch, Erbsen, Bohnen und Soja.
Vitamin B2 wird für den Energiestoffwechsel gebraucht, es schützt die Haut und spendet Energie.
Wichtige Vorkommen: Milch und Milchprodukte, Leber, Fisch, Fleisch, Vollkornprodukte, einige Gemüsesorten, Champignons und Eier.

+++ TIPP +++ TIPP +++

Niacin für gute Nerven

Wenn nicht genügend Niacin im Körper vorhanden ist, kann das zu Nervosität und Unruhe führen. Eine Hand voll Erdnüsse (35 g) oder ein Teller Bohnen- oder Linsensuppe decken den Tagesbedarf an diesem Vitamin.

Vitamin B6 ist wichtig für den Eiweißstoffwechsel und somit für viele Funktionen wie z.B. Regulation des Zellwachstums, die Erregung von Nerven und die Blutbildung.
Wichtige Vorkommen: Hühner- und Schweinefleisch, Leber, Fisch, Milchprodukte, Eigelb, Kohl, Bohnen, Linsen, Feldsalat, Kartoffeln, Vollkornprodukte und Sojabohnen.
Vitamin B12 ist am gesamten Stoffwechsel und am Abbau von Fetten beteiligt. Es ist unerlässlich für die Blutbildung, das Nervensystem, die Mund- und Rachenschleimhaut sowie für ein gutes Wohlbefinden.
Wichtige Vorkommen: Leber, Fisch, Eier, Schweine-, Lamm- und Geflügelfleisch, Käse, Kefir und Quark, milchsaures Gemüse (z.B. Sauerkraut).
Niacin ist am gesamten Stoffwechsel beteiligt, es sorgt für ein gut funktionierendes Gehirn, schöne Haut und gute Nerven.
Wichtige Vorkommen: Nüsse (besonders Erdnüsse), Innereien, Fleisch, Fisch, Getreide, Hülsenfrüchte, geröstete Kaffeebohnen.
Pantothensäure ist am gesamten Stoffwechsel beteiligt. Dieses Allround-Vitamin beschert uns schöne Haut, kräftige Haare und gesundes Wachstum, und es sorgt in Stresssituationen für die nötige Cortisonproduktion.
Wichtige Vorkommen: in vielen Nahrungsmitteln, z.B. in Leber, Fleisch, Fisch, Milch, Vollkornprodukten, Hülsenfrüchten, Gemüse (Süßkartoffeln, Blumenkohl, Brokkoli, Mais) und Pilzen.
Biotin ist der Spezialist für Haare, Haut und Fingernägel. Es ist am gesamten Stoffwechsel und an der Bildung von Blutzellen beteiligt und sorgt für ein ungestörtes Wachstum.
Wichtige Vorkommen: Eigelb, Leber, Soja, Nüsse, Haferflocken und Milch.
Folsäure sorgt für die Zellneubildung. Es ist maßgeblich beteiligt an allen Entwicklungs- und Wachstumsvorgängen sowie an der Blutbildung. Schwangere brauchen genug Folsäure, um Fehlbildungen beim Kind vorzubeugen.
Wichtige Vorkommen: Leber, Eier, Getreide, grünes Gemüse, Nüsse, Weizenkeime, Milch, Milchprodukte und Käse.
Vitamin C brauchen wir täglich, sonst würde unser Stoffwechsel nicht funktionieren. Dieses wohl bekannteste Vitamin beschert uns eine robuste Gesundheit und erhöht die Immunabwehr.
Wichtige Vokommen: fast alle Gemüse- und Obstsorten (besonders Kartoffeln, Zitrusfrüchte, Sanddorn, schwarze Johannisbeeren, Kiwis, Erdbeeren, Paprikaschoten, Brokkoli, Grünkohl, Rosenkohl, Sauerkraut und Blattsalate).

Wie viel Wasser darf es sein?

Zu jeder Mahlzeit muss es ein kalorienarmes Getränk geben – am besten gewöhnen Sie Ihre Kinder (und die ganze Familie) daran, zu den Mahlzeiten Wasser zu trinken. Die Flüssigkeitsmenge muss erhöht werden, wenn es besonders heiß ist im Sommer, wenn das Kind viel rennt, Sport treibt und schwitzt sowie natürlich bei Durchfall.

Das Forschungsinstitut für Kinderernährung und die Deutsche Gesellschaft für Ernährung empfehlen pro Tag mindestens

- **für 2- bis 3-jährige Kinder: 700 Milliliter**
- **bis zu 6 Jahren: 800 Milliliter**
- **bis zu 9 Jahren: 900 Milliliter**
- **bis zu 12 Jahren: 1 Liter Flüssigkeit**

Gesunde Getränke

Haben Sie gewusst, dass der Mensch viele Tage ohne Nahrung auskommen kann, aber bereits nach zwei bis drei Tagen stirbt, wenn er nichts zu trinken bekommt? Ein Erwachsener muss unter normalen Bedingungen 1,5 bis zwei Liter Flüssigkeit am Tag zu sich nehmen, Kinder etwas weniger. Wasser ist das beste Getränk, und zwar sowohl Leitungswasser als auch stilles oder kohlensäurereduziertes Mineralwasser. Auch Früchte- und Kräutertees und mit Wasser verdünnte Säfte sind geeignete Getränke für Kinder.
Die aufgenommene Flüssigkeit dient als Baustoff, Lösungsmittel, zur Temperaturregulation und hilft dem wichtigsten Körpersaft, dem Blut, verschiedene Stoffe durch den Körper zu transportieren.
Nicht nur alte Menschen, sondern auch Kinder vergessen häufig, ausreichend zu trinken. Ganz gleich, wo sich die Kinder aufhalten, im Kindergarten, in der Schule, in der Freizeit, bei Sport und Spiel – immer soll eine Flasche mit Wasser, Tee oder verdünntem Fruchtsaft dabei sein. Auch zu jeder Mahlzeit gehört ein Getränk.
Auf unseren Straßen kann man beobachten, dass sehr viele Kinder süße Getränke bekommen, wenn sie durstig sind. Kinder in anderen Ländern geben sich selbstverständlich mit Trinkwasser zufrieden. So wird schon früh festgelegt, was zum bevorzugten Getränk des Erwachsenen später wird.

Zuckersüß: Softgetränke

Trinkt ein Kind nur einen halben Liter Limonade oder ein anderes Softgetränk pro Tag, dann hat es durch den enthaltenen Zucker damit bereits rund 70 Prozent seines täglichen Kohlenhydratbedarfs gedeckt. Der Nährwert liegt dagegen bei fast null.

ERDBEERJOGHURT ODER WAS?

Wenn in allen Erdbeerjoghurts Erdbeeren enthalten wären, dürften auf der gesamten Erde nur Erdbeeren angebaut werden. Weil das natürlich nicht so ist, enthalten die meisten Erdbeerjoghurts im Labor hergestellte Substanzen, die intensiv nach Erdbeeren schmecken und riechen.

+++ TIPP +++ TIPP +++

Selbst gerührt schmeckt's am besten

Stellen Sie einen Fruchtjoghurt aus frischen Früchten zusammen mit Ihrem Kind her. Mischen Sie den Joghurt mit beliebigen Früchten oder Beeren und süßen Sie mit ein wenig Honig, Dicksaft oder Zucker.

Zusatzstoffe – besseres Aussehen und »guter« Geschmack

Zusatzstoffe, die vom Gesetzgeber genehmigt worden sind, nachdem der Antragsteller nachgewiesen hat, dass der Zusatz technologisch erforderlich und gesundheitlich unbedenklich ist, tragen wegen der komplizierten chemischen Namen so genannte E-Nummern.
Alle verpackten Nahrungsmittel müssen auf der Verpackung neben dem Haltbarkeits- oder Herstelldatum eine Liste der Zutaten und Zusatzstoffe veröffentlichen. Das ist besonders wichtig für Menschen, die bestimmte Stoffe nicht vertragen (Allergiker, Diabetiker) oder nicht essen wollen.

Die Gruppen der häufigsten Zusatzstoffe mit den E-Nummern lauten:

- **Farbstoffe E100 bis E199**
- **Konservierungsstoffe E200 bis E297**
- **Antioxidantien E300 bis E321**
- **Säuerungsmittel und Säureregulatoren E325 bis E399**
- **Emulgatoren und Stabilisatoren E322, E338 bis E341, E470 bis E475**
- **Verdickungs-, Gelier- und Feuchthaltemittel E400 bis E434**
- **Geschmacksverstärker E620 bis E637**

Was sind leere, was vollwertige Nahrungsmittel?

Leere Nahrungsmittel nennt man alle Produkte, die praktisch keinen Nährwert für den Menschen besitzen und von der Industrie mehr oder minder stark bearbeitet worden sind. Dazu gehören Fertigpizzas, Hamburger, Hotdog, Döner, Bratwurstbrötchen, Fertiggerichte, Fleisch- und Fischkonserven, Limo, Cola, Eistee, Fruchtsaftnektare, Malzbier, Industrie-Eiscreme, Kuchen und Torten, Süßigkeiten jeder Art, auch für Kinder entwickeltes Naschzeug, spezielle Kinderlebensmittel, Gebäck, Fertigmüsli, Fix-Produkte, fertige Salatsaucen und Dressings usw. Solche nährstoffarmen Speisen sollten nur selten verzehrt werden. Sie sind in der Regel zu fett, zu süß, schmecken für einen gesunden Gaumen »künstlich« und enthalten viele Zusatzstoffe, die niemand gern essen möchte und die obendrein Allergien auslösen können.
In zahlreichen Familien kommt fast täglich »Convenience Food« auf den Tisch. Hierbei handelt es sich um »bequeme Speisen« wie Fertigpizza, Fertiggerichte jeder Art in Dosen (Ravioli, Gemüseeintopf) oder tiefgefroren (Königsberger Klopse). Dazu gehören aber auch Halbfertiggerichte wie Gnocchi, Kloß- und Pizzateig aus dem Kühlregal, Fertigsaucen oder Fix-Produkte für Aufläufe und Gratins. Sie enthalten meistens Geschmacksverstärker, die von vielen Menschen nicht vertragen werden, sie enthalten künstliche Farbstoffe und Konservierungsstoffe, die Allergien auslösen können, sie enthalten künstliche Aromen, die einen guten Geschmack vorgaukeln, an den sich Kinder schnell gewöhnen. Machen Sie den Test mit einem gekauften und einem selbst hergestellten Erdbeerjoghurt. Letzterer ist gesünder und schmeckt erfrischender, der gekaufte Erdbeerjoghurt ist süß und schmeckt und riecht sehr intensiv nach Erdbeeren, auch wenn kaum eine Frucht enthalten ist.
Beachten Sie bei Fertigprodukten stets die Zutatenliste. Die Reihenfolge der Inhaltsstoffe richtet sich nach dem in dem Produkt enthaltenen Mengenanteil. An erster Stelle der Liste steht also die Zutat, von der am meisten enthalten ist und so weiter. Stehen beispielsweise Wasser, Zucker oder gehärtetes Pflanzenfett an den vordersten Stellen, dann enthält das Produkt preiswerte, nährstoffarme Zutaten und obendrein wahrscheinlich noch verschiedene künstlich hergestellte Zusatzstoffe.

Nahrhaft und gesund, also reich an Kohlenhydraten, Eiweiß, Fett, Vitaminen, Mineral- und Ballaststoffen, sind alle Früchte und Beeren, jedes Gemüse, Kartoffeln, Salate und Kräuter, außerdem Nüsse (möglichst ungeröstet und ungesalzen), Fleisch, Fisch, Milch und Milchprodukte wie Käse, Quark, Naturjoghurt usw., Eier, Butter, kalt gepresste Öle, Hülsenfrüchte, Naturreis, parboiled Reis, Vollkorngetreide und Vollkornprodukte wie Brot, andere Backwaren und Vollkornnudeln.

Goldene Regeln für Kinder

Kinder brauchen Regeln, Kinder lieben Regeln. Erklären Sie Ihrem Kind, welche Nahrungsmittel ihm helfen, gesund groß und stark zu werden, und erklären Sie ihm auch, warum bestimmte Esswaren und Getränke möglichst gar nicht oder nur ganz selten verzehrt und getrunken werden sollen. Unten steht, was gesund ist (Tu es!) und was möglichst gemieden werden soll (Lass es!).

Tu es!

- Iss fünfmal am Tag Obst und Gemüse! Zwei Portionen Obst (oder eine Portion Obst und ein Glas unverdünnter Saft) und drei Portionen Gemüse und/oder Salat sollen es sein, und zwar stets eine Hand voll. Kleine Kinder essen also einen kleinen oder halben Apfel, große Kinder einen großen Apfel.
- Probier alles, was dir deine Eltern zu essen anbieten. Wenn es nicht schmeckt, isst du nicht weiter und probierst in ein paar Monaten noch einmal, ob dir der Spinat oder der gebratene Fisch nicht doch schmeckt. Fast alle Nahrungsmittel muss der Mensch übrigens dreißigmal oder öfter probieren, bevor sie ihm schmecken.
- Putz die Zähne nach dem Naschen! Deshalb Süßes am besten zu Hause essen, wo die Zahnbürste nicht weit ist.
- Trink den ganzen Tag über, aber nuckel nicht ständig an der Radlerflasche, insbesondere, wenn sie ein zucker- oder säurehaltiges Getränk enthält! Trink auch besser direkt aus dem Glas als mit Strohhalm. Dann umspült die Flüssigkeit deine empfindlichen Zähne nicht so lange. Viele Kinder klagen über Kopfschmerzen, die, so haben Untersuchungen gezeigt, manchmal vergehen, wenn ein Glas Wasser oder Saftschorle getrunken wird.

Ein Kind holt sich, was es braucht

Was schon unsere Großmütter wussten, sollten wir uns öfter in Erinnerung rufen: Bietet man Kindern im Vorschulalter täglich mehrmals einen reich gedeckten Tisch mit einem vielfältigen gesunden Nahrungsangebot, dann essen sie mal viel, mal wenig, mal ganz wenig oder auch mal gar nichts. Aber am Ende nehmen alle Kinder gleich viel zu und sind gesund. Das bedeutet für die Eltern: Keine Panik, wenn das Kind nach einem Bissen den Teller wegschiebt! Bei der nächsten Mahlzeit ist der Hunger dann größer und Ihr Kind isst vielleicht den ganzen Teller leer. Kleine Kinder besitzen ein natürliches Körpergefühl, das dafür sorgt, dass sie nicht zu viel und nicht zu wenig essen.

VERBOTE SIND VERBOTEN

Gesunden Kindern sollte man kein Nahrungsmittel und kein Genussmittel, außer natürlich Alkohol, verbieten. Es darf auch mal ein Hamburger oder eine Tüte Pommes sein. Auch das Stück Schokolade und die Tüte Eis machen kein Kind krank. Nur dürfen diese Leckereien nicht zu oft und nicht in großen Portionen gegessen werden.

Zusatzstoffe – auch wenn's nicht draufsteht?

Einige Zusatz- oder Hilfsstoffe müssen auf der Verpackung nicht deklariert, also aufgeführt, werden. Dabei handelt es sich zum Beispiel um Stoffe, die beim Herstellungsprozess eines Nahrungsmittels zugesetzt, dann aber weitestgehend wieder entfernt werden. Dennoch können Spuren davon in dem Produkt verbleiben – Spuren, die ausreichen, um Allergiker zu schädigen. Dagegen hilft nur: Industriell be- oder verarbeitete Lebensmittel meiden!

- Iss lieber ab und zu ein paar Gummibärchen, hergestellt mit natürlichen Zutaten, als klebrige Bonbons, Schokolade, Riegel oder Eis.
- Spiel und hab Freude an frischer Luft! Es macht ungeheuer viel Spaß, mit Freunden draußen zu toben. Im Sommer locken Schwimmbad, Fahrradtouren, Spielplatz und Parks die Kinder ins Freie. Aber auch im Winter kann man sich, warm eingepackt, draußen vergnügen. Viel Bewegung stärkt das Immunsystem, macht kräftig, aber nicht dick.

Lass es!

- Iss nur ganz wenig Süßes – besser nur an einigen Tagen in der Woche.
- Meide Fastfood, den fett- und zuckerhaltigen Imbiss zwischendurch!
- Trink Limo, Cola und andere Softgetränke sowie Eistee nur zu besonderen Anlässen.
- Iss beim Fernsehen keine Chips oder Flips oder Süßigkeiten.
- Geh nie ohne Frühstück, sei es ein Glas Saft und ein Keks oder eine halbe Scheibe Brot, aus dem Haus.
- Vermeide so weit es geht von der Industrie bearbeitete Lebensmittel.
- Tränen wegen schlechter Noten oder sonstigem Weltschmerz lassen sich nicht mit Süßigkeiten oder einer Tüte Chips »wegessen«. Wenn du dich an den »tröstenden« Imbiss gewöhnst, kommt zu deinem Kummer auch noch Übergewicht.

Suchtmittel Zucker

Alle mögen Süßes – nicht nur Kinder. Aber Zucker ist leider nicht nur nährstoffarm, er kommt meistens auch noch in Verbindung mit viel Fett daher. Beispiele: Schokolade, diverse Riegel, Eiscreme und Torten sind süß und fett und daher doppelt kalorienreich.
Ein Schoko-Croissant hat ungefähr so viele Kalorien wie ein Bratwurstbrötchen oder zwei dicke Scheiben Vollkornbrot mit einer doppelten Portion Kräuterquark, nämlich so um die 500. Das Schoko-Croissant hat aber so gut wie keinen Nährwert und sättigt nur für sehr kurze Zeit. Ein großes Stück Obst oder Gemüse erreicht kaum 100 Kilokalorien, hat aber viele Vitamine-, Mineral- und Ballaststoffe, die dem Körper gut tun.

Zucker im Ketchup? »Igitt!«, werden Ihre Kinder sagen, aber in 500 Gramm Ketchup stecken sage und schreibe 35 Stück Würfelzucker! In einer 0,33-Liter-Flasche Cola stecken zwölf Stück, im Fruchtjoghurt für Kinder (125 g) sechs Stück, in 100 Gramm Schokolade 17 Stück, in einer Tüte mit 200 Gramm Gummibärchen 47 Stück und in 400 Gramm Nussnugatcreme 87 Stück Würfelzucker.

In diesen Lebensmitteln steckt so viel Zucker

400 g Nuss-Nugat-Creme:
87 Stück Würfelzucker

200 g Gummibärchen:
47 Stück Würfelzucker

500 g Tomatenketchup:
35 Stück Würfelzucker

100 g Schokolade:
17 Stück Würfelzucker

0,33l Cola:
12 Stück Würfelzucker

125 g Joghurt für Kinder:
6 Stück Würfelzucker

+++ TIPP +++ TIPP +++

Honig statt Zucker?

Honig ist ein eiweißhaltiges Nahrungsmittel, das Säuglingen unter zwölf Monaten nicht gegeben werden darf. Im Honig enthaltene Bakterien (für den Erwachsenen ungefährlich) können bei Babys Säuglingsbotulismus auslösen, der sich durch hartnäckige Verstopfung, Schlucklähmung und andere Lähmungserscheinungen ankündigt und zum Tod führen kann. Honig kann aber auch die Symptome einer Pollenallergie beim Säugling verschlimmern.

Es macht keinen großen Unterschied, ob Sie mit Zucker, Vollrohrzucker, Honig, Fruchtzucker, Ahorn- oder Agavensirup süßen. Honig und manche Sirupe enthalten zwar ein paar Spurenelemente, aber sie tragen nicht zur gesunden, vitalstoffreichen Ernährung bei. Sie liefern viele leere Kalorien und schädigen auf Dauer die Zähne.

So ernähren Sie Ihr Kind richtig

Gesunde Ernährung im Familienalltag

Frisch und vollwertig statt industriell bearbeitet

Zu keiner Zeit konnte sich der Mensch bei uns so vielfältig ernähren wie heute. Modernste Kühltechnik und weltumspannende Transportsysteme haben es möglich gemacht, dass heute im Supermarkt an der Ecke rund ums Jahr Obst und Gemüse, Fleisch und Fisch, Milch und Milchprodukte, Brot und Getreide immer frisch und zu bezahlbaren Preisen angeboten werden. Für die Gesundheit, den Geschmack und die Erhaltung unserer Kulturlandschaft ist es aber besser, saisonale pflanzliche und tierische Produkte aus der Umgebung zu kaufen. Schauen Sie sich um auf Wochenmärkten und in Bioläden.

Butter, Margarine, Öl

Butter ist ein natürliches Nahrungsmittel. Margarine ist ein künstlich hergestelltes Fett; Ausnahme: reine Pflanzenmargarine. Als »Pflanzenöl« bezeichnete Öle sind immer raffiniert, also stark industriell bearbeitet. Entscheiden Sie sich für reines, natives Olivenöl, für Sonnenblumenöl, Distelöl, Rapsöl, Leinöl, Keimöl, Nussöle.

Wann wachsen eigentlich Bohnen?

Früher wusste die Hausfrau, wann Erdbeeren, wann Äpfel, grüne Bohnen, Aprikosen und Tomaten reif und preiswert zu haben waren. Heute können wir bis auf wenige Ausnahmen rund ums Jahr fast alles kaufen. Obst und Gemüse reifen bei uns aber nur im Sommer und Herbst. Aber aus ganz Europa, ja aus der ganzen Welt, kommen Obst und Gemüse zu uns. Häufig sind die importierten Waren teurer als zur deutschen Erntezeit. Niemand braucht wirklich Erdbeeren im Dezember aus Spanien, grünen Spargel im Januar aus Peru oder Äpfel aus Neuseeland. Hinzu kommt, dass importierte Früchte und Gemüse unreif geerntet werden und häufig stark mit Chemikalien belastet sind.

Es ist zunächst nicht zu verstehen, warum in unserem Land Eltern und Kinder nicht ausreichend mit den lebensnotwendigen Vitaminen und Mineralstoffen versorgt sind. Doch Gründe dafür gibt es viele.

Da sind zum Beispiel die Food-Designer der Lebensmittelindustrie, die es in den letzten Jahrzehnten geschafft haben, immer neue fertige oder halbfertige Lebensmittel auf den Markt zu bringen. Mit der entsprechenden Werbung in den Medien werden junge, dynamische und fröhliche Muttis gezeigt, die ihre Kinder und deren Freunde mit Süßigkeiten überraschen oder in null Komma nichts ein tolles Essen auf den Tisch bringen. Alles sieht leicht und beschwingt aus. Ja, so wollen alle Familien essen und genießen! Können Sie sich vorstellen, dass in der Werbung eine Kartoffeln schälende Mutter gezeigt wird, die hinterher Möhren putzt, Kräuter hackt und Schnitzelchen brät oder ihren Kindern Vollkornbrot mit Käse und eine Schüssel Salat auf den Tisch stellt? Nicht das Essen wird in der Werbung verkauft, sondern ein besonderes Lebensgefühl.

Gesund essen im Alltag

Was soll denn nun täglich auf den Tisch gebracht werden? Überall im Land hat es sich herumgesprochen: Pizza, Hamburger, Pommes frites, Chips, Süßes, Fettiges und Fertiggerichte sollen nicht so oft verzehrt werden. Aber wie sieht die Wirklichkeit aus?

Kinder können fast täglich Spaghetti mit Ketchup, Pommes oder Pizza essen. Viele Eltern kapitulieren, hassen den Streit ums Essen. Um des lieben Friedens Willen wird oft nachgegeben und das Kind bekommt seine nährstoffarmen Nudeln mit süßem Ketchup. Das ist aber nicht sinnvoll! Deshalb früh mit der gesunden Ernährung anfangen, Kindern erklären, warum Fastfood und Fertiggerichte nur selten auf den Tisch kommen sollen. Und wenn, dann gehört dazu immer eine Schüssel Salat. Der Mensch, insbesondere das Kind, braucht alle Nährstoffe aus frisch zubereiteter Nahrung ohne chemische Zusätze, damit er ein Leben lang gesund und leistungsfähig bleibt.

Ernährungswissenschaftler haben unsere Grundnahrungsmittel in einer Pyramide vereinigt, die anschaulich darstellt, was Kinder und Erwachsene im Idealfall täglich essen sollen. Aus diesen Gruppen soll/darf täglich etwas gegessen bzw. getrunken werden. Wichtig ist dabei, dass das Mengenverhältnis beachtet wird.

Fünfzehn gesunde Lieblingsspeisen

Fragt man Kindergarten- und Schulkinder, was sie von allen gesunden Nahrungsmitteln am liebsten essen, dann kommt folgende Antwort (in alphabetischer Reihenfolge):

Äpfel ♥ Bananen ♥ Beeren ♥ Blumenkohl ♥ Erbsen ♥ Hähnchen ♥ Haferflocken/Hirse ♥ Kartoffeln, keine Pommes frites ♥ Linsen ♥ Milch ♥ Möhren ♥ Nüsse, ungesalzen ♥ Paprikaschoten (gelb, rot, orange), roh ♥ Salatgurke ♥ Weintrauben ohne Kerne

Selbst kochen oder eine Dose öffnen?

Was schmeckt besser – der Eintopf aus der Dose oder frisch gekocht? Die Tiefkühlpizza oder die zu Hause zubereitete? Machen Sie diesen Test doch einmal mit der ganzen Familie (Rezepte Linseneintopf Seite 97 und Pizza Seite 115).

Die Ernährungspyramide

Sehr anschaulich ist die Theorie der gesunden, abwechslungsreichen Ernährung in dieser Pyramide dargestellt. Die Lebensmittel sind hier in vier große Gruppen zusammengefasst. Je größer ein Feld der Ernährungspyramide ist, desto höher sollte der Anteil dieser Nahrungsmittel auf dem täglichen Speisezettel ausfallen.

Die breite Basis der Ernährung ist im größten Feld abgebildet: Getreide und Getreideprodukte aus dem vollen Korn, die hauptsächlich Kohlenhydrate enthalten. Die Gruppe Obst und Gemüse sollte ebenfalls reichlich in der Nahrung vertreten sein. Es folgen in geringerer Menge die vor allem Eiweiß aber auch Fett liefernden Nahrungsmittel: Fleisch und Fisch, außerdem Eier und Milchprodukte, Nüsse und Hülsenfrüchte. In Maßen darf die Spitze der Pyramide genossen werden: Fette, Öle und Süßigkeiten.

+++ TIPP +++ TIPP +++

Treiben Sie's bunt

Die meisten Vitamine und Mineralstoffe, die für Wachstum, Stoffwechsel, Gefäße, straffe Haut, feste Knochen, Zähne und Nägel und für ein gutes Nervenkostüm sorgen, befinden sich in farbenprächtigen Pflanzen und Früchten. Bringen Sie also täglich etwas Grünes, Gelbes, Rotes und etwas Weißes auf den Tisch.

Ein Beispiel:

Morgens rot: Müsli mit Erdbeeren, Quarkbrot mit Radieschen;
Zwischenmahlzeit gelb: Orange, Aprikose, Paprikaschote, Möhre;
Mittags grün oder weiß: grüne Bohnen, Brokkoli, Spargel, Kohlrabi, Blumenkohl oder Champignons mit Kartoffeln;
Zwischendurch grün: Knäckebrot mit Kräuterquark, Gurkensandwich;
Abends bunt: Salat aus Tomaten, gelbem Paprika und grünem Salat

Der tägliche Ernährungsplan

Die Deutsche Gesellschaft für Ernährung empfiehlt folgende Tagesrationen für Kinder zwischen zwei und zwölf Jahren. Dabei handelt es sich natürlich um Richtwerte, die Ihnen als Anhaltspunkte dienen sollen, die aber kein »Muss« darstellen. Wenn das Kind keinen Hunger hat, darf es schon einmal eine Mahlzeit ausfallen lassen. Die Zwischenmahlzeit kann dann ruhig etwas früher gereicht werden und sie kann auch etwas größer sein.

Davon gibt es reichlich

	Gramm pro Tag für Kinder zwischen 2 und 3	4 und 6	7 und 9	10 und 12 Jahren:
Brot, Haferflocken	120	170	200	250
Getränke	700	800	900	1000 Milliliter pro Tag
Nudeln, Reis, Getreide	100	130	150	180
Kartoffeln	100	130	150	180
Gemüse	150	200	220	250
Obst	150	200	220	250

Davon gibt es mäßig viel

Milch und Milchprodukte	330	350	400	420 Milliliter pro Tag
Fleisch und Wurst	35	40	50	60 Gramm pro Tag
Fisch	70	100	150	180 Gramm pro Woche
Eier	1-2	2	2	2-3 Stück pro Woche

Davon gibt es nur wenig (Gramm pro Tag)

Butter, Margarine, Öle	20	25	30	35
Süßigkeiten	5	10	10	15
Pommes frites, Salznüsse, Chips usw.	30	40	50	60

+++ TIPP +++ TIPP +++

Wenn Kinder Vollwertmuffel sind

Gewöhnen Sie Ihr Kind frühzeitig an vollwertige Nahrungsmittel – daran, dass man auch einmal eine harte Schale essen kann, wenn man in einen Apfel beißt, dass man Körner und Nüsse kräftig kauen muss. Wenn Ihr Kind immer Cremesupper aus der Packung und Kinderjoghurt verzehrt, wird es echte Lebensmittel irgendwann ablehnen. Wenn Ihr Kind vom Vollkornbrot noch nicht begeistert ist, kaufen Sie zunächst Brot aus fein vermahlenem Korn. Bereiten Sie das Pausenbrot zunächst aus einer Scheibe Vollkorn- und einer Scheibe Weißbrot. Mischen Sie mittags konventionelle und Vollkornnudeln und mischen Sie für den abendlichen Grießbrei Vollkorn- und normalen Grieß.

So viele Kalorien müssen es sein

Kinder brauchen je nach Temperament und Tagesablauf mehr oder weniger Nahrung. Ein quirliges Kind, das viel draußen herumtobt und Sport treibt, braucht mehr als ein Kind, das gern stundenlang auf dem Sofa liegt und ein Buch liest. Deshalb sind die folgenden Angaben nur Richtwerte.

2 bis 3 Jahre	=	ca. 1100 kcal
4 bis 6 Jahre	=	ca. 1450 kcal
7 bis 9 Jahre	=	ca. 1800 kcal
10 bis 12 Jahre	=	ca. 2150 kcal

Ab dem 13. Lebensjahr brauchen Jungen täglich etwa 500 kcal mehr als Mädchen.

Kohlenhydrate, Eiweiß, Fett, Vitamine, Mineralstoffe und Spurenelemente müssen unsere Kinder täglich mit der Nahrung aufnehmen. Da jedes tierische und pflanzliche Produkt verschiedene Stoffe enthält, die wir brauchen, sollte die tägliche Nahrung so abwechslungsreich wie möglich sein.
Hier ein Vorschlag für eine Woche mit ausgewogener Ernährung. Die abwechslungsreichen Gerichte sind schnell zubereitet und schmecken Kindern und Erwachsenen gleichermaßen sehr gut.

Wochenplan

Montag

Frühstück: Müsli mit Haferflocken und Obst
Mittagessen: Fisch oder Hähnchenkeule mit Saisongemüse oder Salat, goldgelbe Röstkartoffeln
Abendessen: Chicoréesalat, Vollkornbrot, Käse, magerer Aufschnitt, Kräuterquark, Radieschen und/oder Möhrenstifte

Dienstag

Frühstück: Knäckebrot mit Quark und Himbeeren oder anderen Früchten (Erdbeeren, Bananen, Birnen, Aprikosen), Käse
Mittagessen: Salat, Linsensuppe mit viel Gemüse, Brot, evtl. mit Würstchen
Abendessen: Gemüseauflauf, Vollkornbrötchen mit Lachsschinken

KALORIEN UND KILOKALORIEN

Eine Kilokalorie (kcal) ist die Wärmeenergie, die benötigt wird, um ein Kilogramm Wasser um 1 °C zu erwärmen. Im täglichen Sprachgebrauch hat es sich eingebürgert, einfach von »Kalorien« zu sprechen, obwohl es eigentlich »Kilokalorien« heißen muss.

VOLLWERTIG – MIT DEM VOLLEN WERT AUS DER NATUR

Vollwertig essen heißt, natürlich gewachsene Nahrung zu sich zu nehmen. Diese Lebensmittel sind so schonend wie möglich hergestellt und gegart. Sie enthalten keine chemischen Zusätze. Vollwertig sind zum Beispiel alle Vollkornprodukte (Vollkornmehl, Vollkornnudeln, Vollkornbackwaren, Naturreis, Vollkorngries), alle nativen, kalt gepressten Öle (extra vergine, vierge extra), ungeröstete und ungesalzene Samen und Nüsse, Hülsenfrüchte, Kartoffeln, Gemüse und Obst, Salate und Kräuter, Milch und Milchprodukte, und zwar stets aus biologischem Anbau.

Mittwoch

Frühstück: Obstsaft, Vollkornbrot mit gekochtem Schinken, gegartem Pfirsich und Tilsiter Käse überbacken
Mittagessen: Salat, Nudeln mit frischer Tomatensauce
Abendessen: Paprika-Tomaten-Salat, Pizzabrote oder selbst gebackene Gemüsepizza, Buttermilch oder Fruchtjoghurt

Donnerstag

Frühstück: Apfeljoghurt, Vollkornbrot mit Butter und Käse, Gurkenstiften oder ein paar Radieschen
Mittagessen: Salat, Kartoffelauflauf mit Brokkoli und Schinken
Abendessen: Gemischter Salat, Hirse-Gemüse-Suppe

Freitag

Frühstück: Mehrkornbrötchen mit Brühwurstaufschnitt, Käse, Konfitüre oder Honig, Gurkenstifte
Mittagessen: Paprikagemüse oder Spinat mit Reis und Spiegelei oder gedünsteter Seefisch
Abendessen: Salat, Kartoffelpfanne, selbst gemachter Fruchtjoghurt

Samstag

Frühstück: Vollkorn-Baguette, Tomate, Basilikum, Mozzarella, selbst gemachter Fruchtjoghurt
Mittagessen: Salat, Möhrensuppe mit Haferklößchen
Abendessen: Gemüseplatte zum Dippen

Sonntag

Frühstück: Obstsaft, Baguette, Croissants, süßer Brotaufstrich, Ei, Schinken, Käse, Joghurt
Mittagessen: Salat, Hühnerfrikassee mit Reis, Dessert (Quarkspeise oder Früchte der Saison)
Abendessen: Gemüsepuffer mit Paprikasauce, Obstsalat

Dazu täglich noch etwas Obst, rohes oder gekochtes Gemüse und Salat. Süßschnäbel wählen einmal pro Woche für mittags oder abends eine süße Mahlzeit aus (Quark- oder Grießauflauf oder Pfannkuchen mit Obst).

+++ TIPP +++ TIPP +++

Trinken nicht vergessen!

Damit kein Familienmitglied vergisst, ausreichend zu trinken, sollte an einem geeigneten Ort, beispielsweise in der Küche, immer eine große Kanne mit Kräuter- oder Früchtetee, Wasser oder Mineralwasser stehen.

Welches Mehl?

Mehl mit niedriger Typenbezeichnung enthält weniger Nährstoffe. Je höher die Typenzahl, desto höher ist der Anteil an Vitaminen, Mineral- und Ballaststoffen. Ein Mehl der Type 405 enthält z. B. 405 Milligramm Mineralstoffe in 100 Gramm Mehl. Vollkornmehle enthalten die Biostoffe des vollen Korns und haben deshalb keine Typenzahl.

Wo wachsen Pommes? Und wie fängt man Fischstäbchen?

Die meisten Kinder essen gern. Aber die überwiegende Zahl von Stadtkindern weiß nicht, wie und wo Obst und Gemüse gedeihen. Es soll Kinder geben, die glauben nicht, dass aus einer dicken erdigen Kartoffel knusprige Pommes frites entstehen können. Auch zwischen einem glänzenden Fisch und ihren geliebten Fischstäbchen sehen sie keinerlei Zusammenhang. Gehen Sie deshalb öfter einmal mit Ihren Kindern zum Einkaufen. Schon im Supermarkt kann das Kind eine Menge lernen.

Gehen Sie mit den Kindern auf den Wochenmarkt. Bestaunen Sie zusammen die riesige Auswahl an Obst und Gemüse, Salat und Kräutern. Entscheiden Sie gemeinsam, was Sie kaufen wollen, und erstehen Sie auch einmal ungewöhnliche Gemüsearten, die Sie sonst nicht wählen. Probieren Sie alles aus und verarbeiten Sie es dann zu Hause gemeinsam.

Zeigen Sie Ihrem Kind auch, wie Gemüse wächst. Lassen Sie Ihr Kind ein paar Bohnenkerne in einen Blumentopf mit Erde stecken. Nach einigen Tagen zeigen sich die ersten grünen Keimblättchen, dann geht's richtig los. Man kann förmlich zusehen, wie die Bohnen wachsen.

Vielleicht befindet sich in Ihrer Nähe ein Hofladen, wo verkauft wird, was um den Hof herum auf den Feldern wächst. Kaufen Sie auch dort ein. So lernt Ihr

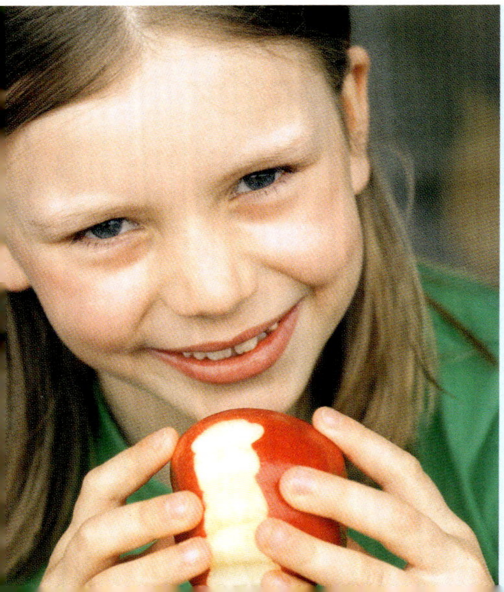

KANN MAN INTELLIGENZ ESSEN?

Macht eine rote Paprikaschote schlau? Oder ein saftiger Apfel oder ein Gemüseeintopf mit Hähnchen? Die Wissenschaft hat kein Nahrungsmittel gefunden, das die Intelligenz erhöht. Sie ist mehr oder weniger angeboren und wird in Schule und Elternhaus gefördert. Mit einer gesunden, abwechslungsreichen Ernährung können die Fähigkeiten des Kindes aber gestärkt werden. Gesund heißt: ausreichend kalorienarme Getränke, täglich frisches Obst und Gemüse, Salat, Milch und Milchprodukte, Kartoffeln, Getreide und Vollkornprodukte wie Reis, Nudeln und Brot, ab und zu mageres Fleisch, Seefisch, wenig Eier, hochwertige Öle und etwas Butter.

Kind, dass es Erdbeeren nicht immer gibt und dass Salat und Petersilie im Winter nicht bei uns wachsen. Wenn möglich, ernten Sie mit der ganzen Familie im Sommer Erdbeeren oder Himbeeren auf dem Feld. Das macht Spaß, jeder darf beim Ernten so viele Beeren essen, wie er mag, und zu Haus gibt es Erdbeeren mit Sahne, oder alle zusammen kochen leckere Erdbeerkonfitüre.

Was unterscheidet Kinder- von Erwachsenenernährung?

Ab dem ersten Lebensjahr können Kinder in speziellen Kinderstühlen am Familientisch sitzen und mitessen. Sie essen dann das Gleiche wie die Erwachsenen. Wobei natürlich berücksichtigt werden muss, dass so ein kleines Kind erst nach und nach Zähne bekommt und den Geschmack der unterschiedlichen Nahrungsmittel erst erfahren muss. Grünkohl mit Mettwürstchen oder Sauerkraut finden kleine Kinder nicht wirklich lecker – sie treten in Essstreik. Kinder mögen Gerichte, die appetitlich und farbenfroh aussehen wie Möhrengemüse mit goldgelben Kartoffeln, Blumenkohl mit Tomatensauce, Gemüsesuppe mit Hirse oder Getreideklößchen, Nudel- oder Kartoffelaufläufe mit viel buntem Gemüse, Erbsen mit kleinen Hähnchenbrustschnitzelchen und Kartoffeln. Die meisten Kinder mögen Fleisch und Kartoffeln. Häufig werden zwar geschmorte Gurke und gekochte Paprikaschoten abgelehnt, aber die Kleinen knabbern mit großer Lust an rohem Gemüse wie Gurke, Paprika, Möhren, Kohlrabi, Radieschen, süßen Tomaten und rohen Champignons.

Keine Zeit zum Kochen – was tun?

Manchmal sind die Tage so voll mit Terminen, dass wenig Zeit bleibt, um eine leckere Mahlzeit zuzubereiten. Aber trotzdem haben alle Hunger, und Sie wollen natürlich etwas Gesundes auf den Tisch bringen.
Erliegen Sie nicht der Versuchung, unterwegs schnell eine Pizza, ein paar Tüten Pommes oder ein Grillhähnchen mitzunehmen. Das sollte wirklich die Ausnahme sein. Mit guter Planung können Sie jeden Tag eine gesunde Mahlzeit zubereiten – auch ohne täglich stundenlang in der Küche zu stehen:

Spezielle Kinderlebensmittel? Nein danke!

Die Industrie bietet den Kindern heute weit über hundert verschiedene Produkte an. Diese sind in der Regel zu süß, zu fett und enthalten Zusätze, die nicht natürlichen Ursprungs sind und beispielsweise Allergien verursachen können. Süßigkeiten, Flocken und Milchprodukte »für Kinder« sind häufig mit Vitaminen angereichert und mit dem Vermerk versehen: »Enthält Vitamin X = 20 Prozent des Tagesbedarfs«. Das beeindruckt den Verbraucher, der oft nicht weiß, dass beispielsweise ein Stück Obst oder Gemüse oder ein Glas frische Milch genauso viel oder wesentlich mehr von diesem Vitamin enthält. Süße Bioprodukte schneiden da meist nicht wesentlich besser ab, sie sind nur wesentlich teurer.

- Legen Sie Vorrat an. Was man in einem Haushalt mit Kindern stets vorrätig halten sollte, finden Sie auf der Tabelle S. 38 unten.
- Nutzen Sie die Vorteile eines Tiefkühlgeräts. Sie können entweder die rohen Zutaten wie Gemüse küchenfertig zerkleinert und blanchiert einfrieren oder auch halbfertige (z. B. Pizzateig) und fertige Gerichte.
- Schaffen Sie sich Küchengeräte an, die für eine schnelle und vitaminschonende Zubereitung von Speisen geeignet sind: Dampfkochtopf, Pürierstab oder Mixer, elektrisches Handrührgerät, eine beschichtete Pfanne oder einen Wok.
- Haben Sie am nächsten Tag wenig Zeit, kochen Sie am Tag davor die Brühe für die Suppe, die Sauce für die Pasta, die Kartoffeln für den Salat und den Reis für die Reisplätzchen.

Tiefkühlkost – praktisch und gesund

Tiefgekühlte Lebensmittel, – aus dem Supermarkt oder selbst eingefroren – sind immer dann empfehlenswert, wenn es sich um das reine Nahrungsmittel und kein Fertiggericht handelt. Kaufen Sie eingefrorenen Fisch, aber ohne Saucenzubereitung, Gewürz oder Panade. Kaufen Sie tiefgekühlten Blattspinat, aber nicht Rahmspinat mit Gewürzen. Beachten Sie die Zutatenliste.
Tiefgefrorenes Gemüse ist frischem vorzuziehen, wenn dieses wegen zu langer Lagerzeiten welk, lasch oder verschrumpelt ist und kaum mehr wertvolle Inhaltsstoffe enthält.
Sie können sich Ihr Lieblingsgemüse und frische Kräuter auch selber einfrieren. Dafür wird das Gemüse sofort nach der Ernte oder dem Einkauf geputzt, gewaschen, klein geschnitten, kurz blanchiert und eingefroren. Bei Bedarf entnehmen Sie die gewünschte Gemüsemenge, garen sie kurz in Salzwasser oder im Wok, oder Sie verwenden sie für eine Suppe.
Auch Pizza- oder anderer Hefeteig kann für einige Wochen in den Kälteschlaf geschickt werden. Tomatensauce zum Bestreichen des Pizzabodens lässt sich ebenfalls in großer Menge zubereiten und portionsweise einfrieren.
Wenn Sie einmal richtig Lust und Zeit zum Kochen haben, dann bereiten Sie eine größere Menge Saucen, Brühen, Hackbällchen oder eines Fleischgerichts zu. In Portionen eingefroren, haben Sie so Vorrat für viele Tage, an denen es schnell gehen muss. Nachfolgend finden Sie leckere Rezepte für die Lieblingsgerichte vieler Kinder, sich gut zum Einfrieren eignen.

EIN MAL KOCHEN, VIER MAL GENIESSEN

Kartoffeln sind nicht nur gesund, sondern auch vielseitig. Kochen Sie einen großen Topf Kartoffeln, dann haben Sie Vorrat für vier Schnell-Gerichte:

1. Tag: Pellkartoffeln mit Quark
2. Tag: Bratkartoffeln mit Spiegelei
3. Tag: Kartoffelsalat mit Würstchen
4. Tag: Kartoffelplätzchen mit Geschnetzeltem

+++ TIPP +++ TIPP +++

Tomatensuppe – ganz schnell

Superschnell lässt sich eine vitaminreiche Suppe aus Tomatensaft kochen: Zwiebel- und Knoblauchwürfel in Olivenöl anschwitzen, mit einer Flasche Tomatensaft aufgießen. Salzen, pfeffern, mit Oregano, Thymian, Zucker würzen. Kochen lassen, bis der Tisch gedeckt ist.

Lieblingsgerichte zum Vorkochen und Einfrieren

Die folgenden Rezepte haben wir für acht bzw. zwölf Portionen berechnet. Pro Rezept reichen die Mengen also für zwei bis vier Mahlzeiten, je nach Zahl der Esser. Am besten frieren Sie die Speisen deshalb portionsweise ein.

Tomatensauce

1. Zwiebeln und Knoblauch abziehen und fein würfeln. Das Öl erhitzen und beides darin weich, aber nicht braun dünsten. Petersilie und Dosentomaten mit dem Saft, Lorbeerblättern, Oregano, Zucker und Tomatenmark hinzufügen und bei milder Hitze offen leicht cremig einkochen. Frische Tomaten werden gewaschen, vom Stielansatz befreit und grob gehackt. Die frischen Tomaten mit den geschmorten Zwiebeln, Kräutern und Gewürzen ebenfalls offen leicht cremig einkochen lassen.

2. Die Sauce durch ein feines Sieb passieren und mit Salz abschmecken. Abkühlen lassen und portionsweise einfrieren.

3. Die eingefrorene Sauce vor dem Essen am besten einige Stunden im Kühlschrank auf- oder antauen lassen und bei milder Hitze erwärmen. Bei Bedarf noch etwas Tomatensaft, Brühe, Wasser oder Sahne angießen und die Sauce mit Salz, Pfeffer und beispielsweise mit frischem Basilikum abschmecken.

ZUTATEN

250 g Zwiebeln
1 Knoblauchzehe
2 EL Olivenöl
4 Stängel glatte Petersilie
3 große Dosen geschälte Tomaten oder 2,5 kg frische, sehr reife Eiertomaten
2 Lorbeerblätter
1 TL Oregano
1 EL Zucker
8 EL Tomatenmark

12 Portionen
+ fettarm
+ Das schmeckt auch Kindergartenkindern
+ Party-Gericht
ca. 75 kcal/Portion
35 Min. Zubereitungszeit

CLEVER

Tomatensauce schmeckt natürlich zu Nudeln, aber auch zu Reis mit Erbsen und Schinken, gebratenem oder gedünstetem Fisch, knusprigen Reistalern, gefülltem Gemüse und zu allen herzhaften Gemüseaufläufen.

ZUTATEN

400 g Zwiebeln
1 Knoblauchzehe
200 g Möhren
2 Stangen Lauch
4 Stangen Staudensellerie
125 g durchwachsener Speck
4 EL Olivenöl, 1 EL Zucker
1 kg Rinderhackfleisch
2 Lorbeerblätter
1 Zweig Rosmarin
4 Stängel Thymian
5 EL Tomatenmark
4 Dosen Pizzatomaten
4 Stängel glatte Petersilie
1/2 l Gemüse- oder Fleischbrühe, Salz, Pfeffer

12 Portionen
\+ Party-Gericht
ca. 330 kcal/Portion
1 Std. Zubereitungszeit

CLEVER

Diese würzige Fleischsauce schmeckt zu Nudeln, Reis, aber auch auf einer Pizza. Dafür die Sauce vor der Verwendung dicklich einkochen, auf einen Teigboden streichen und mit Pilzen, beliebigem Gemüse und etwas geriebenem Käse überbacken.

Hackfleischsauce

1. Zwiebeln und Knoblauch abziehen, Möhren dünn schälen, Lauch putzen und waschen, vom Sellerie die harten Fäden abziehen. Alles einschließlich des Specks sehr klein würfeln.

2. Die vorbereiteten Zutaten in dem heißen Öl leicht anschwitzen. Zucker einstreuen und schmelzen lassen. Das Hackfleisch hinzufügen und bei nicht zu großer Hitze krümelig braten.

3. Lorbeerblätter, Rosmarin und Thymian am besten in einem speziellen Gewürzsieb oder in einem Mullsäckchen hinzufügen. Tomatenmark, Pizzatomaten, gehackte Petersilie und Brühe zum Hackfleisch geben und offen in 20 bis 30 Minuten leicht cremig einkochen.

4. Die festen Gewürze entfernen und die Sauce mit Salz abschmecken. Abkühlen lassen und portionsweise einfrieren.

5. Vor dem Essen die Sauce einige Stunden im Kühlschrank auf- oder antauen lassen und in einem Topf bei milder Hitze erwärmen. Mit Salz und Pfeffer abschmecken und nach Geschmack mit etwas Sahne verfeinern – das mildert den Geschmack.

Wer schlau ist, schafft Vorrat an

Einige Grundnahrungsmittel für Lieblingsspeisen sollten stets im Haus ein:
Haferflocken ♥ Hirse ♥ Grieß ♥ Nüsse ♥ Rosinen ♥ Mehl ♥ Zucker Reis ♥ Nudeln ♥ Kartoffeln ♥ Gurke ♥ Paprika ♥ Tomaten ♥ Möhren ♥ Obst (Äpfel, Bananen, Birnen, Orangen) ♥ Milch ♥ Saft ♥ Mineralwasser ♥ Käse ♥ Quark ♥ Joghurt ♥ Öl ♥ Butter ♥ Eier ♥ Ketchup ♥ Senf ♥ Essig ♥ Honig ♥ Konfitüre

Im Tiefkühlgerät

Erbsen ♥ Spinat ♥ Blumenkohl/Brokkoli ♥ Möhren ♥ Mischgemüse ♥ Hähnchenbrustfilet ♥ mageres Fleisch ♥ Fisch

Gemüsesuppe

1. Die Möhren schälen und nach Belieben in Scheiben hobeln oder fein würfeln. Den Lauch putzen und den hellen Teil in feine Halbringe schneiden. Die grünen Bohnen oder die Zucchini putzen, waschen und in mundgerechte Stücke schneiden. Den Kohlrabi schälen und fein würfeln. Blumenkohl oder Brokkoli in kleine Röschen teilen. Den Spargel großzügig schälen, holzige Enden wegschneiden. Die Stangen in mundgerechte Stücke schneiden.

2. Spitzkohl von den äußeren Blättern und vom Strunk befreien und in kleine, schmale Streifen schneiden. Von den Selleriestangen die harten Fäden abziehen, und die Stangen in feine Scheiben schneiden. Selleriegrün für später beiseite legen.

3. Das Gemüse in folgender Reihenfolge in 4 Liter kochendes Salzwasser geben: Möhren, grüne Bohnen und Kohlrabi 5 Minuten kochen, Sellerie und Spargel hinzufügen und weitere 5 Minuten kochen. Blumenkohl, Brokkoli, Lauch, Zucchini, Spitzkohl, Selleriegrün, Liebstöckel und Petersilie hinzufügen, würzen und weitere 8 Minuten garen.

4. Die Gemüsesuppe abkühlen lassen. Liebstöckel und Petersilie entfernen und die Gemüsesuppe portionsweise einfrieren.

5. Die Suppe einige Stunden im Kühlschrank auftauen lassen. Nach Belieben gegarte TK-Erbsen, gekochte Maiskörner, gegarte Suppennudeln, gekochten Reis, gekochte Kartoffelwürfel und/oder ein paar Würstchen hinzufügen.

ZUTATEN

750 g Möhren
3 Stangen Lauch
400 g grüne Bohnen oder Zucchini
2 Kohlrabi
1 kleiner Blumenkohl oder 500 g Brokkoli
500 g Spargel oder 1 kleiner Spitzkohl
1 kleiner Staudensellerie mit Grün
1 Stängel Liebstöckel
1/2 Bund Petersilie
Salz, Pfeffer, Muskatnuss

8 Portionen
\+ fettarm
ca. 75 kcal/Portion
1 Std. Zubereitungszeit

VARIANTE

Das Gemüse kann auch in einer Fleischbrühe (1 kg mageres Rindfleisch) oder in einer Hühnerbrühe aus einem halben Suppenhuhn oder einer Poularde gekocht werden. Das gekochte Fleisch würfeln und mit der Suppe einfrieren. Sie können das Fleisch auch getrennt einfrieren und für einen Eintopf verwenden.

CLEVER

Die Suppe bekommt eine schöne appetitliche Farbe, wenn die Brühe mit Kurkuma (Gelbwurz) oder Safran gekocht wird. Einen leichten Gelbton bekommt die Brühe auch, wenn Sie eine ohne Fett geröstete halbe Zwiebel mitkochen.

ZUTATEN

1,5 kg Gulaschfleisch (Rind und Schwein gemischt)
6 EL Sonnenblumenöl
1 kg Zwiebeln
250 g Möhren
4 Selleriestangen
1 rote Paprikaschote
4 EL Tomatenmark
2 EL edelsüßes Paprikapulver
1,5 l Brühe oder Wasser
gemahlener Kümmel
Salz

12 Portionen
\+ fettarm
\+ Party-Gericht
ca. 290 kcal/Portion
ca. 2 Std. Zubereitungszeit

Gulasch

1. Das Fleisch in mundgerechte Stücke schneiden. Nach und nach das Öl erhitzen und das Fleisch darin portionsweise rasch rundherum anbraten. Inzwischen die Zwiebeln abziehen und sehr fein würfeln. Die Möhren schälen, von den Selleriestangen die harten Fäden abziehen, die Paprikaschote mit einem Sparschäler schälen und entkernen. Alles sehr fein würfeln.
2. Das Fleisch aus dem Topf nehmen. Zwiebeln und Gemüsewürfel darin unter Rühren mit etwas Öl 5 Minuten schmoren. Das Tomatenmark dazugeben und kurz anschwitzen. Paprikapulver, Brühe oder Wasser, das Fleisch mit dem ausgetretenen Saft, Kümmel und etwas Salz hinzufügen und im geschlossenen Topf etwa 1 1/2 Stunden schmoren.
3. Zwischendurch öfter umrühren. Das Gulasch ist fertig, wenn das Fleisch weich und die Sauce leicht gebunden ist. Abgekühlt portionsweise einfrieren.
4. Sie können das aufgetaute Gulasch mit süßer oder saurer Sahne verfeinern. Wenn die Sauce stärker gebunden werden soll, gießen Sie etwas in Wasser angerührtes Mehl oder angerührte Speisestärke dazu.
5. Zum Gulasch schmecken nicht nur Pellkartoffeln, sondern auch Nudeln, Reis und Knödel.

VARIANTE

Nach dem Auftauen können Sie das Geschnetzelte lecker abwandeln, indem Sie es mit 1 TL Currypulver würzen und Ananasstückchen zufügen. Oder Sie verdünnen das Geschnetzelte mit Brühe und Sahne und geben gegarten Reis oder Nudeln als Einlage hinzu.

CLEVER

Zum Binden von Suppen und Saucen eignen sich statt angerührtem Mehl auch gekochte, geriebene Kartoffeln oder gekochtes und geriebenes Gemüse wie Möhren, Pastinaken, Topinambur, Kohlrabi, Blumenkohl oder eine Mischung daraus.

Geschnetzeltes vom Huhn

1. Das Fleisch unter fließendem kaltem Wasser waschen und trockentupfen. Die Filets in kleine, schmale Streifen schneiden. Die Zwiebeln abziehen und fein würfeln. Die Zwiebelwürfel in wenig Öl weich, aber nicht braun schmoren und herausnehmen. Die Fleischstreifen portionsweise in einer Mischung aus Öl und Butter kurz anbraten und auf einem Teller beiseite stellen.

2. Die Pilze kurz waschen oder mit einem feuchten Tuch abreiben, die Stiele kürzen. Die Champignons nach Belieben blättrig schneiden oder würfeln. In der restlichen Butter rasch anbraten und beiseite stellen. Die Brühe zum Kochen bringen. Zwiebeln, Fleischstreifen und Pilze in der heißen Brühe 2 Minuten ziehen lassen. Mit Salz abschmecken und abkühlen lassen.

3. Das Geschnetzelte in Gefrierboxen einfrieren. Einige Stunden vor dem Kochen im Kühlschrank auftauen lassen. Das Geschnetzelte bei milder Hitze erwärmen, mit süßer oder saurer Sahne über 10 Prozent Fett und Zitronensaft verfeinern und mit Salz und Pfeffer abschmecken.

4. Dazu schmecken hervorragend Spätzle, Nudeln, Reis und Kartoffeln.

5. Wenn Sie mehr Sauce möchten, geben Sie nach dem Auftauen noch etwas Brühe und mehr Sahne zum Geschnetzelten. Wenn Ihr Kind Geschnetzeltes isst, aber weder die Zwiebeln noch die Pilze darin mag, dann können Sie die Sauce auch fein pürieren und erst danach das Fleisch hinzufügen.

ZUTATEN

1,5 kg Hähnchenbrustfilet
200 g Zwiebeln
4 EL Sonnenblumenöl
6 EL Butter
500 g braune Champignons
1/2 l Geflügelbrühe
Salz

12 Portionen
+ Das schmeckt auch Kindergartenkindern
ca. 240 kcal/Portion
ca. 1 Std. Zubereitungszeit

DOSEN KAUFEN?

Sogar einige Gemüse in Dosen schmecken sehr gut und enthalten kaum weniger Inhaltsstoffe als frisch gekaufte bzw. zubereitete Ware. Guten Gewissens können Sie zum Beispiel verwenden:

- *Pizzatomaten in Dosen*
- *gegarte Hülsenfrüchte in Dosen (Kichererbsen, Bohnen, Linsen)*
- *Mais in Dosen*

CLEVER

Für ein schnelles kleines Gericht belegen Sie geröstete Brotscheiben mit erwärmtem Geschnetzelten mit wenig Sauce, reiben etwas Käse darüber und überbacken das Ganze unter dem heißen Grill. Mit einer großen Schüssel buntem Salat steht rasch ein leckeres Abendessen auf dem Tisch.

ZUTATEN

3 Brötchen vom Vortag
3 Eier
Salz, Pfeffer aus der Mühle
2 EL Senf oder Tomatenmark
3 Zwiebeln nach Belieben
1,5 kg gemischtes Hackfleisch
1 TL Thymian
1 TL Rosmarinnadeln
Öl

12 Portionen
+ Das schmeckt auch Kindergartenkindern
+ Party-Gericht
ca. 350 kcal/Portion
75 Min. Zubereitungszeit

Hackbällchen

1. Von den Brötchen die Rinde abreiben. Die Brötchen in reichlich lauwarmem Wasser einweichen, dann gut zwischen zwei Frühstücksbrettchen ausdrücken und in eine Schüssel zupfen. Die eingeweichten Brötchen mit den Eiern glatt rühren. Die Masse mit Salz und Pfeffer, Senf oder Tomatenmark kräftig würzen. Nach Geschmack die Zwiebeln abziehen und fein dazureiben.
2. Das Hackfleisch und die getrockneten Kräuter zur Brotmasse geben und alles gründlich mischen. Den Backofen auf 200 °C (Umluft 180 °C, Gas Stufe 3) vorheizen. Zwei Backbleche mit Backpapier auslegen. Die Handflächen immer wieder dünn mit Öl einreiben, aus der Hackmasse kleine Bällchen formen und auf die Bleche legen.
3. Die Hackbällchen nacheinander im heißen Backofen garen. Im Heißluftherd können die Hackbällchen auf zwei Backblechen gleichzeitig gegart werden. Die Hackbällchen abkühlen lassen und portionsweise einfrieren.
4. Alle Kinder lieben die kleinen Bällchen in ihrer Pausenbox, als kleinen Imbiss mit etwas Rohkost zwischendurch, beim Picknick oder in heißer Tomatensauce zu Nudeln.

VARIANTE

Sie können die Hackmasse statt mit eingeweichten Brötchen auch mit 200 Gramm gekochten und geriebenen Kartoffeln oder mit 125 Gramm Magerquark mischen. In diesem Fall 1 Ei weniger verwenden. Auch etwa 250 Gramm fein geriebene frische Möhren machen die Hackbällchen saftig und nahrhaft.

VARIANTE

Manche Kinder mögen auch orientalische Gewürze. Dann geben Sie zur Hackfleischmasse doch einmal Chilipulver, Zimt oder Lebkuchengewürz, Rosinen und gehackte Mandeln oder Pinienkerne. Dafür auf Senf und Tomatenmark verzichten.

Fürs Baby – Gläschen oder selbst Gekochtes?

Wenn möglich, sollte ein Baby sechs Monate gestillt werden. Dann folgt die Übergangszeit mit etwas Muttermilch und Brei aus Gemüse, Obst, Kartoffeln, Getreide. Schnell erwärmt, durchgerührt und verfüttert sind die fertigen Gläschen fürs Baby. Sie enthalten alles, was so ein kleines Menschenkind täglich braucht – und noch viel mehr. Je nach Produkt enthalten diese Fertigbreie mehrere Sorten Gemüse (ein bis zwei Sorten reichen) und verschiedene Getreidesorten (eine reicht), manchmal sogar Geschmacksverstärker, Milch und Salz. Bei einigen Produkten ist der Fettgehalt zu gering. Außerdem sind oft Vitamine zugesetzt – die Wissenschaft ist sich aber noch nicht einig, ob das notwendig ist oder nicht.

VITAMIN C VERBESSERT DIE EISENAUFNAHME

Babys, aber auch Kindern und Erwachsenen, muss Vitamin C mit der Nahrung (Brei, Saft) zugeführt werden, damit ihr Körper das Eisen aus der Nahrung besser aufnehmen kann.

Lieblingsgerichte fürs Baby

Gläschen sind praktisch – ohne Frage. Aber es ist gar nicht aufwändig, einen Babybrei herzustellen. Bewährt hat sich eine Kombination: Gläschen als Reserve für unterwegs und selbst gekochter Brei für zu Hause. Hier einige Beispiele: Beginnen Sie ab dem sechsten Monat mit dem Kartoffel-Möhren-Brei mit Fleisch als Mittagsmahlzeit. Etwa ab dem achten Monat gibt es dann nachmittags einen milchfreien Getreide-Obst-Brei.

Kartoffel-Möhren-Brei mit Hühnchen

Kartoffel, Möhre und Fleisch sehr fein hacken und in etwas Wasser weich kochen, dann pürieren. Mit Orangensaft und Öl mischen.
Die Möhre kann ersetzt werden durch Kohlrabi, Blumenkohl, Zucchini, Fenchel. Das Hühnchenfleisch kann ersetzt werden durch Rindfleisch, Kalbfleisch, Putenfleisch, Lammfilet.
Ab dem 8. Monat gibt es 100 Gramm Kartoffeln, 50 Gramm Gemüse, oder 50 Gramm Kartoffeln und 100 Gramm Gemüse, und immer 30 Gramm Fleisch, 8 Gramm Öl und etwas Orangen- oder Apfelsaft zur Verbesserung der Eisenaufnahme.

ZUTATEN

40 g geschälte Kartoffel
100 g geschälte Möhre
20 g Hähnchenbrustfilet
30 g Orangensaft, frisch gepresst
8 g Keimöl

+ ab dem 6. Monat
20 Min. Zubereitungszeit

Tomatenreis mit Erbsen und Kalbfleisch

ZUTATEN

15 g Reis
30 g Kalbfleisch
1 Tomate
45 g TK-Erbsen
10 g Orangensaft
8 g Keimöl

+ ab dem 8. Monat
30 Min. Zubereitungszeit

1. Reis und Fleisch waschen. Tomate kurz in kochendes Wasser tauchen, Stielansatz, Haut und Kerne entfernen, 65 Gramm abwiegen und wie das Fleisch fein hacken. Erbsen auftauen lassen.

2. Reis mit etwas Wasser 10 Minuten kochen. Tomaten, Fleisch und Erbsen hinzufügen und weitere 15 Minuten garen. Alles pürieren und mit Saft und Öl mischen.

Zwiebackbrei mit Apfel

ZUTATEN

2 Scheiben Vollkorn-zwieback
50 ml Apfelsaft
100 g geschälter Apfel
5 g Weizenkeimöl oder Butter

+ ab dem 8. Monat
15 Min. Zubereitungszeit

1. Den Zwieback grob zerkleinern. Apfelsaft mit der gleichen Menge Wasser aufkochen und über den Zwieback gießen.

2. Den Zwieback kurz ausquellen lassen. Den Apfel dazureiben und mit Öl mischen. Der Apfel kann nach Belieben auch durch pürierten Pfirsich oder Birne ersetzt werden.

AB WANN ZUFÜTTERN?

In den ersten Monaten seines Lebens ist Ihr Baby mit Muttermilch oder Flaschennahrung bestens versorgt. Etwa ab dem sechsten Monat steigt der Appetit des Kindes. Kinderärzte empfehlen dann, mit der Beikost zu beginnen, vor allem, um die Eisenversorgung sicherzustellen. Für die ersten Versuche mit dem Löffel wählen Sie ein wenig pürierte gekochte Karotten oder Bananen. Am Anfang werden die Mengen winzig sein. Sobald Ihr Baby um den fünften bis sechsten Monat gern vom Löffel isst, und die Mengen größer werden, sollten Sie beginnen, die Milchmahlzeit am Mittag durch einen Gemüse-Fleisch-Brei zu ersetzen.

Haferbrei mit Apfel und Möhre

Apfel und Möhre klein schneiden und in wenig Wasser weich kochen. Haferflocken und Saft dazugeben, einmal aufkochen lassen und pürieren. Das Öl einrühren. Die Haferflocken können durch die gleiche Menge Hirseflocken ersetzt werden.

ZUTATEN

- 75 g geschälter Apfel
- 75 g geschälte Möhre
- 10 g Instant-Haferflocken
- 30 g Apfelsaft
- 8 g Keimöl

\+ ab dem 8. Monat
15 Min. Zubereitungszeit

Glutenfreier Bananenbrei

1/8 Liter Wasser mit den Reisflocken verrühren. Aufkochen und 1 Minute unter Rühren kochen lassen. Den Topf vom Feuer ziehen. Banane in groben Stücken zugeben und im Topf mit dem Mixstab oder einer Gabel fein zerkleinern. Butter unterziehen und den Brei auf Verzehrtemperatur abkühlen lassen.

ZUTATEN

- 20 g Reisflocken
- 100 g Banane (geschält gewogen)
- 1 EL Butter

\+ ab dem 6. Monat
10 Min. Zubereitungszeit

BIS ZUM SECHSTEN MONAT OHNE GLUTEN

Das Eiweiß Gluten ist enthalten in Weizen, Roggen, Gerste und Hafer. Vorsichtshalber sollten Babys mindestens bis zum sechsten, besser bis zum zwölften Monat glutenfrei ernährt werden, weil sonst die erhöhte Gefahr zur späteren Entwicklung einer Zöliakie besteht. Diese – teilweise erblich bedingte – Krankheit ist eine Überempfindlichkeit gegen Gluten, die bei dazu veranlagten Kindern die Darmschleimhaut schädigt. Auf Zöliakie deuten folgende Symptome hin: Das Kind magert ab, hat aber einen aufgeblähten Bauch und voluminösen Stuhl, der übel riechend und weißlich verfärbt ist. Gehen Sie im Verdachtsfall unbedingt zum Arzt.

ELTERN: HELFT DEN JÜNGSTEN BEIM PUTZEN!

Kinder bis zum Schulalter sind noch nicht in der Lage, ihre kleinen Zähne richtig und ordentlich sauber zu putzen. Deshalb sollten die Eltern stets gründlich nachputzen, nachdem das Kind vorher nach Anleitung selbstständig geputzt hat.

NICHT STÄNDIG AN DER FLASCHE NUCKELN

Babys und Kinder dürfen nicht ständig zucker- und säurehaltige Getränke aus Flaschen bekommen. Dabei sind die Zähne ununterbrochen Zucker- und Säureattacken ausgesetzt. Während des ständigen Nuckelns ist der Speichelfluss verringert, der im Mundraum für ein gesundes Klima sorgt.

Gute Zähne ein Leben lang

Nur wer ein gutes, gesundes Gebiss besitzt, kann auch kräftig zubeißen. Knochen und Zähne bestehen zum großen Teil aus Kalzium, deshalb müssen alle Menschen Kalzium mit der Nahrung zu sich nehmen. Das geschieht am einfachsten mit Milch und Milchprodukten. Schulkinder brauchen rund einen halben Liter Milch am Tag, und zwar fettarme Milch (1,5–1,8 % Fett) bei Übergewicht, bei Normalgewicht Vollmilch (3,5 % Fett). Magermilch (0,3 % Fett) enthält zu wenige Nährstoffe und sollte deshalb vermieden werden. Ein Teil der Milch kann durch Milchprodukte wie Quark, Joghurt und Käse ersetzt werden. 100 Gramm Milch enthalten so viel Kalzium wie rund 15 Gramm Hartkäse (Parmesan, Edamer, Gouda oder Emmentaler) oder 30 Gramm Weichkäse (Camembert oder Brie).

Zucker macht die Zähne nachweislich kaputt, Karies zerstört die ersten und die zweiten Zähne. Deshalb soll alles Süße in der Nahrung einschließlich süßer Getränke möglichst vermieden werden. Verbieten Sie Süßes aber nicht komplett, das lässt sich kaum durchsetzen und weckt nur umso größere Begehrlichkeiten. Einigen Sie sich mit Ihren Kindern darauf, dass Süßes nur nach einer Mahlzeit genossen wird. Anschließend putzen sich alle die Zähne.

Aber auch Saures macht die Zähne kaputt. Zitronensäure ist in zahlreichen Softgetränken, aber auch in Obstsäften und Süßigkeiten enthalten, die gar nicht sauer schmecken. Beachten Sie die Zutatenliste! Werden die Zähne ständig mit solchen sauren Getränken umspült, greift die Zitronensäure den Schmelz der Kinderzähne an. Das führt früher oder später ebenso zu Karies wie ständiger Genuss von Süßigkeiten.

Aber nicht nur Süßigkeiten und Saures sind die Feinde der Kinderzähne. Viel zu wenig bekannt ist, dass auch Kohlenhydrate die Zähne schädigen können. Ein im Speichel enthaltenes Enzym, die Amylase, nimmt den Verdauungsorganen nämlich Arbeit ab und zersetzt Stärke schon im Mund in einfachen Zucker. Deshalb nach jeder Mahlzeit die Zähne putzen. Ist das einmal nicht möglich, den Mund gründlich mit klarem Wasser ausspülen.

Heute weiß man, dass der Mensch seine Zähne sehr lange behalten kann, wenn er sie von frühester Kindheit an immer gut pflegt und ein- bis zweimal im Jahr zur Kontrolle zum Zahnarzt geht. Das tut nicht weh! Böse Schmerzen treten erst auf, wenn ein Zahn ein Loch hat und nicht sofort behandelt wird.

Kinder vegetarisch ernähren?

»Fleisch ist ein Stück Lebenskraft!«: Dieser Werbespruch ist uns allen noch im Ohr – und er ist richtig. Eine englische Ernährungsstudie hat jetzt gezeigt, dass Kinder, die ohne Fleisch und tierisches Eiweiß ernährt werden, kleiner, schwächer und weniger intelligent bleiben. Kinder, die mit Fleisch, tierischem Eiweiß und Pflanzenöl ernährt wurden, waren auf dem Spielplatz aktiver, redefreudiger und bestimmender.

Eltern sollten ihre Kinder auf jeden Fall mit Fleisch, Milch und Eiern ernähren. Wenn sie größer sind, können die Jugendlichen selbst entscheiden, ob sie sich fleischlos ernähren möchten.

Eine Ausnahme sind natürlich Kinder mit Eiweißallergie. Dann erhalten Sie vom Kinderarzt entsprechende Ernährungshinweise.

Ein gesundes Kind braucht pro Woche aber nur etwa 300 bis 400 Gramm Wurst und Fleisch und maximal drei Eier.

Wer sich und seine Kinder vegetarisch ernähren will, muss auf jeden Fall Milch und Eier in die Ernährung einbeziehen. Und die Mutter muss wissen, was das Kind in welchem Alter braucht, damit es ausreichend mit Eisen und Vitamin C versorgt ist. Der Aufwand, um eine solche ausgewogene Nahrung täglich herzustellen, ist sehr hoch. Unverantwortlich ist es, Kinder vegan, also ausschließlich mit pflanzlichen Nahrungsmitteln zu ernähren.

ACHTEN SIE AUF DIE QUALITÄT

Fleisch muss und soll nicht täglich auf den Tisch kommen. Zwei bis drei kleine Portionen in der Woche sind ausreichend. Kaufen Sie das Fleisch möglichst ab Hof oder bei einem guten Metzger in der Nähe. Bio-Fleisch ist nicht völlig frei von Schadstoffen, aber es ist gesünder, schmeckt viel besser, und die Tiere werden artgerecht aufgezogen. Fettreiches Fleisch wie Halskotelett, Schweinebraten, Schweinehackfleisch, Ente und Gans sollten Sie meiden. Empfehlenswert sind magere Stücke von Rind, Schwein, Kalb, Kaninchen, Lamm, Hähnchen und Pute.

+++ TIPP +++ TIPP +++

Pflanzliche Brotaufstriche

Wer sie nicht kennt, hat etwas Leckeres versäumt. In Reformhäusern und Bioläden gibt es eine Reihe köstlicher vegetarischer Brotaufstriche in verschiedenen Geschmacksrichtungen. Probieren Sie sie einmal aus! Auch Ihren Kindern werden sie schmecken.

Richtige Ernährung für das kranke Kind

Über- und Untergewicht, Krankheit, Allergien

Das übergewichtige Kind

Viele Eltern finden ihr knuffiges Kleinkind mit den Speckröllchen einfach nur süß. Aber Übergewicht im Baby- und Kleinkindalter führt in den meisten Fällen auch zu späterem Übergewicht, und das kann Krankheiten verursachen. Übergewicht hindert die Kleinen an ausgelassener Bewegung, viele Knirpse werden in der Schule als Pummelchen oder mit anderen kränkenden Namen bedacht. Tun Sie das Ihrem Kind nicht an!
Gehen Sie regelmäßig mit Ihrem Kind zur Vorsorge. Wenn der Arzt Übergewicht feststellt, überlegen Sie gemeinsam mit ihm, wie Sie Ihrem Kind helfen können, die überflüssigen Pfunde zu verlieren. Bei geringem Übergewicht hilft meistens schon etwas mehr Bewegung: Treppen steigen statt Fahrstuhl

ÜBERGEWICHT MACHT KRANK!

Die deutschen Kinderärzte schlagen Alarm. Rund 20 Prozent unserer Kinder sind übergewichtig, rund acht Prozent von ihnen adipös, fettsüchtig. Immer mehr dieser übergewichtigen Kinder erkranken an Diabetes Typ II, Altersdiabetes. Diese Krankheit, die früher nur bei älteren Menschen ausbrach, ist nicht heilbar, sie muss ein Leben lang mit Medikamenten behandelt werden. Außerdem verursacht das kindliche Übergewicht im späteren Leben Krankheiten und verringert die Lebenserwartung.

fahren, jeden möglichen Weg zu Fuß, mit dem Rad oder den Inlinern zurücklegen. Kinder nicht immer mit dem Auto zur Schule und zu Freunden fahren. Überlegen Sie zusammen mit Ihrem Kind, welcher Sport ihm Freude machen würde. Neben dem Schulsport sollte das Kind in der Woche zusätzlich nachmittags zweimal Sport machen können.
Was auch schnell hilft: Verbannen Sie Süßes und Fettiges von Ihrem Speiseplan! Nur einmal in der Woche darf genascht werden. Bitte hänseln Sie das dicke Kind nie. Helfen Sie ihm, zu einer starken Persönlichkeit zu werden. Nehmen Sie so oft es geht die Mahlzeiten gemeinsam ein. Genießen Sie jeden Bissen mit dem Kind. Stellen Sie dem Kind am Nachmittag einen Teller mit klein geschnittenem Obst oder Gemüse hin. Fast automatisch wird es danach greifen. Lassen Sie sich und Ihrem Kind Zeit, abzunehmen. Freuen Sie sich über jedes Gramm, das nach einer Woche verschwunden ist. Belohnen Sie das Kind, wenn es sein Wochenziel erreicht hat, mit einem Buch, einem Spiel, einem Ausflug oder einem Schwimmbadbesuch.

Lecker essen mit weniger Fett

Kochen Sie fettarm, essen Sie nichts Frittiertes. Berücksichtigen Sie auch, dass beispielsweise eine fettreduzierte Streichwurst immer noch mehr Kalorien hat als eine Scheibe magerer Aufschnitt oder gekochter Schinken. Salatsaucen lassen sich mit Buttermilch oder Magerjoghurt fettarm zubereiten. Pausenbrote schmecken lecker mit Salatblättern, Gurken- oder Tomatenscheiben oder Paprikastücken und magerem Aufschnitt oder fettarmem Käse belegt. Das ist saftig und nährstoffreich. Auch Tomatenmark und Senf sparen Streichfette wie Butter oder Frischkäse. Bereiten Sie zusammen mit Ihrem Kind seinen Lieblingshamburger zu mit einem Vollkornbrötchen, viel Salat und Gemüse und einer kleinen Frikadelle, aus Tatar in einer beschichteten Pfanne gebraten. Das schmeckt und macht lange satt. Achten Sie auch darauf, dass das Kind in seiner Freizeit beschäftigt ist: ob es ein Buch liest, lernt, malt oder bastelt – besser, als dass es stundenlang vor dem Fernsehgerät sitzt. Die meisten Kinder essen nämlich gern beim Fernsehen. Ermuntern Sie Ihr Kind, Freunde einzuladen – wenn die Kinder mit intensivem Spiel beschäftigt sind, denken sie nicht mehr ans Essen. Bleiben Sie mit Ihrem Kind in Bewegung und verlangen Sie nicht, dass es in wenigen Wochen sein Idealgewicht erreicht hat. Lassen Sie sich und dem Kind Zeit. Setzen Sie erreichbare Ziele.

ESSEN IST KEINE BELOHNUNG

Viele junge Mütter scheinen zu glauben, dass ihr Kind immer wenn es weint Hunger hat und augenblicklich etwas zu essen braucht. Sogar größeren schreienden Kindern wird im wahrsten Sinn des Wortes mit Schokolade oder Eiscreme »der Mund gestopft«. Auch für ein Lächeln, eine Freundlichkeit oder eine gelungene Tat sollen Kinder nicht mit Essen belohnt werden. Essen ist Essen und darf nie für Belohnung, Bestrafung oder eine Forderung eingesetzt werden. Essstörungen im späteren Leben könnten die Folge sein.

Ist mein Kind zu dick?

Ob ein Kind übergewichtig ist oder nicht, erkennt man nicht durch bloßes Anschauen. Eine gute Methode, herauszufinden, ob das Gewicht des Kindes zu hoch, normal oder zu niedrig ist, ist der Body-Mass-Index.

Der Body-Mass-Index (BMI)

So wird gerechnet:
Teilen Sie das Körpergewicht in Kilogramm durch die Körpergröße in Metern zum Quadrat.

$$\frac{\text{Körpergewicht (kg)}}{(\text{Körpergröße})^2} = \text{BMI}$$

Beispiel:
David ist 7 Jahre alt, 1,31 m groß und wiegt 36 kg.

$$\frac{36}{1{,}31 \times 1{,}31} = \frac{36}{1{,}72} = 20{,}9$$

Mit einem BMI von 20,9 hat er hat Übergewicht. Wenn er nicht zunimmt, hat er in zwei Jahren sein Normalgewicht erreicht.

Die Gewichts-Tabellen

Perzentilen, wie in unserer Grafik auf der rechten Seite, sind Prozentangaben. Wird das Gewicht eines Kindes in Perzentilen ausgedrückt, bedeutet dies, dass es in Bezug auf das Gewicht der Altersgenossen angegeben wird. Ein Gewicht auf der 50. Perzentile bedeutet, dass 50% der Kinder gleichen Alters und gleichen Geschlechts leichter und 50% schwerer sind. Es handelt sich bei P50 also um das Durchschnittsgewicht. P3 bedeutet, dass 3% der vergleichbaren Kinder leichter sind, P97, dass 97% leichter sind als das betreffende Kind.
In der Grafik bedeutet der rote Bereich Übergewicht, grün normales Gewicht und gelb Untergewicht.

SEIEN SIE EIN GUTES VORBILD!

Wenn Sie sich den Teller mit Braten, Sauce und Beilagen voll häufen, können Sie nicht von Ihrem übergewichtigen Kind verlangen, dass es Maß hält! Und wenn Sie den kleinen Hunger zwischendurch mit einem Schokoriegel stillen, dann wird sich das Kind ebenfalls an Ihnen orientieren.

Perzentilen für den Body-Mass-Index von Jungen im Alter von 0–16 Jahren

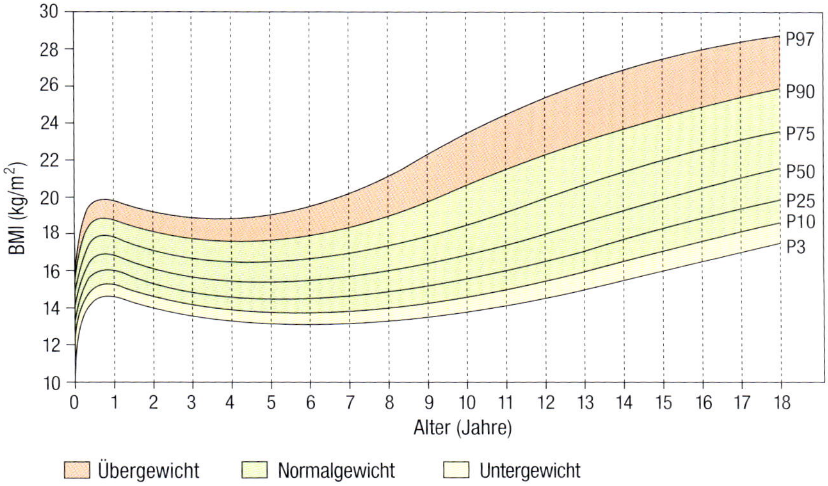

Perzentilen für den Body-Mass-Index von Jungen im Alter von 0 bis 18 Jahren

Perzentilen für den Body-Mass-Index von Mädchen im Alter von 0–16 Jahren

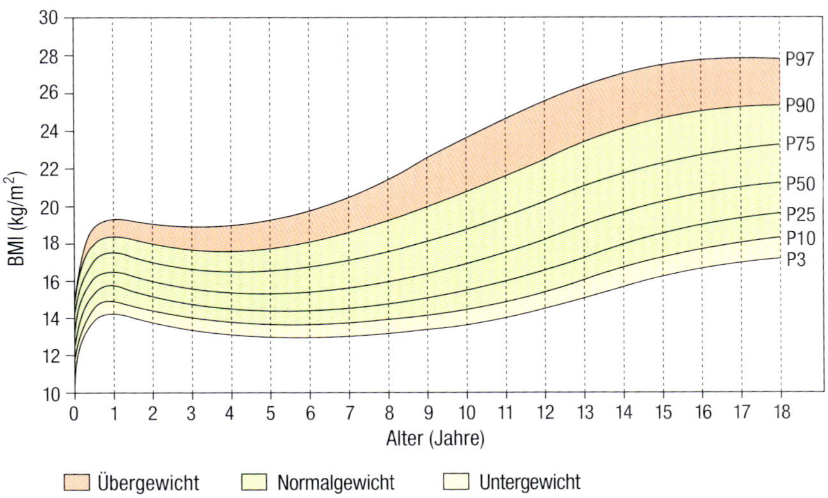

Perzentilen für den Body-Mass-Index von Mädchen im Alter von 0 bis 18 Jahren

Aus: Optimix, Empfehlungen für die Ernährung Kinder und Jugendlicher, Hrsg. von aid und DGE, 2001

SÜSSES IM REGAL STEHEN LASSEN

Ganz wichtig, wenn übergewichtige Kinder, aber auch Erwachsene im Haushalt sind: »Gefährliche« Lebensmittel gar nicht vorrätig halten! Wenn keine Limonade, keine Schokoriegel, keine fette Wurst und keine Chips im Haus sind, kann man bei Heißhungerattacken gar nicht schwach werden.

KLEINE TRICKS

Ein bisschen Mogeln ist hie und da erlaubt: Richten Sie die Speisen für alle Familienmitglieder auf kleineren Tellern an. Ist der Teller voll, fällt es nicht so sehr auf, dass weniger darauf liegt als sonst. Nach ein paar Tagen klären Sie Ihr Kind dann auf, und freuen sich mit ihm, dass es auch mit weniger Essen auskommt.

NICHTS ERZWINGEN!

Setzen Sie Ihrem Kind nicht einen übervollen Teller vor. Animieren Sie es lieber, noch einen Nachschlag vom Lieblingsgemüse, von Nudeln oder Kartoffeln zu nehmen. Kochen Sie etwas gehaltvoller. Geben Sie etwas mehr Öl oder Butter zum Gemüse. Kochen Sie Pudding mit Milch und etwas süßer Sahne.
»Du bekommst ein neues Spielzeugauto, wenn du den Teller leer isst«, und: »Ich esse nur auf, wenn ich nachher mit Carlotta fernsehen darf« – beides gibt es nicht! Essen darf von keiner Seite als Druckmittel eingesetzt werden. Lassen Sie das Kind häufig draußen herumtollen. Das macht Appetit!

Das untergewichtige Kind

Manche Eltern betrachten ihr schmales Kind und denken: »Es ist ja viel zu dünn! Die dürren Beinchen und die dünnen Ärmchen.« Der BMI (Seite 52) gibt Auskunft, ob das Kind tatsächlich untergewichtig ist. Kinder wachsen nicht gleichmäßig langsam, sondern in Schüben. So kann ein normalgewichtiges Kind plötzlich dünn aussehen und nach einigen Monaten wieder kräftiger, obwohl es »normal« isst. Andererseits gibt es auch Kinder, die wirklich sehr wenig essen, nach ein, zwei Bissen den Teller wegschieben und angeblich satt sind.
Bevor Sie Ihr Kind jedoch dazu ermuntern, mehr zu essen, bevor Sie ihm extra kalorienreiche Kost vorsetzen – gehen Sie zum Kinderarzt und fragen Sie ihn, ob er Ihre Bedenken teilt. Ist das Kind gesund und sieht der Arzt keinen Grund, dass es zunehmen sollte, dann drängen Sie Ihr Kind nicht ständig, mehr zu essen. Das kann leicht einen gegenteiligen Effekt haben: Das Kind verliert die Lust am genussvollen Essen.
Soll das Kind wirklich zunehmen, gehen Sie behutsam vor: Versuchen Sie eine angenehme Atmosphäre beim Essen zu schaffen. Dekorieren Sie den Tisch besonders liebevoll, eventuell gemeinsam mit Ihrem Kind. Fragen Sie Ihren Sprössling zwischendurch, was er gern essen möchte. Richten Sie sich beim Kochen auch nach seinen Vorlieben. Vielleicht darf jeder in der Familie sich einmal in der Woche ein Gericht wünschen. Wenn es möglich ist, gehen Sie zusammen mit dem Kind einkaufen und kochen Sie zu Hause gemeinsam. Selbst Gekochtes schmeckt den meisten Kindern besonders gut.

Wenn das Kind krank ist

Kinder sind oft erkältet. Kinder haben oft Bauchweh. Kinder haben häufig Kopfschmerzen. Eltern sind da manchmal ratlos. Sie wollen ihrem kranken Kind helfen, schnell wieder gesund zu werden – aber wie?
Wenn das Kind krank ist und sich elend fühlt, gönnen Sie ihm Ruhe. Kuscheln Sie es in warme Decken, geben Sie ihm lauwarme Getränke wie ungesüßten Kräuter- oder Früchtetee, stilles Mineralwasser oder stark verdünnten

Fruchtsaft. Vitamine vertreiben zwar nicht sofort jede Krankheit, aber sie unterstützen sein Immunsystem bei der Bekämpfung der Krankheitserreger. Geben Sie dem Kind viel buntes Gemüse, roh oder gekocht. Bei Bauchschmerzen sollte es aber nichts Rohes essen: Am besten sind dann gekochte Kartoffeln mit gekochtem Gemüse, püriert und mit etwas Öl oder Butter verfeinert.
Bei Bauchschmerzen haben die Kinder häufig wenig Appetit. Zwingen Sie sie nicht zum Essen, bieten Sie immer ausreichend viel zu trinken an. Wenn es dem Kind besser geht, Kartoffeln mit Möhren oder gekochtem Fenchel und Wasser pürieren. Auch ein Brei aus Banane mit Zwieback und Wasser oder gekochte pürierte Früchte bekommen den Kleinen gut, ebenso ein dünner Brei aus gekochten Haferflocken (Instant-Flocken) mit Wasser (bei Milchunverträglichkeit) oder Milch. Nach Belieben beträufeln sie ihn mit etwas flüssigem Honig oder Apfeldicksaft aus dem Reformhaus.
Gut vertragen wird auch eine leckere Hühnersuppe, gekocht aus einem (halben oder ganzen) Suppenhuhn mit Gemüse wie Möhren, Lauch, Sellerie, Tomaten und Petersilie. Die Suppe einige Stunden leise köcheln lassen. Abgießen, entfetten und leicht würzen. Wenn das Kind mehr Appetit hat, kann die Brühe mit etwas gekochtem Reis oder gekochten Nudeln angereichert werden. Manchen Kindern schmeckt auch ein Stück Brot zur Hühnerbrühe.

WAS BAUCHWEH ALLES HEISSEN KANN

»Bauchweh« muss nicht immer bedeuten, dass Ihr Kind an einer Magenverstimmung leidet oder sich einen Magen-Darm-Virus eingefangen hat. Kinder haben sehr feine Antennen und nehmen körperliche Irritationen, aber auch Stimmungsschwankungen, intensiv wahr, können sie aber schlecht benennen und bezeichnen deshalb alles als »Bauchweh«. Beobachten Sie Ihr Kind in einem solchen Fall, nehmen Sie es ernst und achten Sie besonders auf leichte, ausgewogene Kost und reichliches Trinken.

Lieber mit dem Kind zum Arzt, wenn

- das Fieber über 39,5 Grad Celsius liegt;
- das Fieber länger als 24 Stunden anhält;
- das Kind über starke Schmerzen klagt;
- das Kind lange, sehr heftige Hustenanfälle hat;
- das Kind länger als zwölf Stunden unter Durchfall und Erbrechen leidet;
- das Kind Blut im Stuhl hat;
- Verstopfung tagelang anhält;
- das Kind längere Zeit sehr matt ist und keinen Appetit hat.

Ob das schmeckt?

Würden Sie Ihrem Kind zwölf Gramm Zucker, ferner eine unbekannte Menge Glucosesirup, Säuerungsmittel Milch- und Zitronensäure, konzentrierten Blutorangen- und Limettensaft, gezuckerte, kondensierte Magermilch, natürliches Aroma, Ascorbinsäure, Niacinamid, Alpha-Tocopherol, Kalzium-Pantothenat, Riboflavin, Pyridoxinhydrochlorid, Thiaminhydrochlorid, Folsäure und Cobalamin zum Lutschen geben? – Nein? Dann lesen Sie aufmerksam die Zutatenlisten von Fertiggerichten, Süßigkeiten und Snacks. Aus den oben angegebenen Inhaltsstoffen bestehen übrigens beliebte Lutschbonbons für Kinder.

Was tun bei Lebensmittelallergien?

Man spricht von einer Lebensmittelallergie, wenn der Körper selbst auf kleinste Mengen einer fremden Substanz, meist Fremdeiweiß, reagiert.
Immer häufiger werden schon bei kleinen Kindern Lebensmittelallergien festgestellt. Etwa bis zu acht Prozent der Kinder sind heute davon betroffen. In der Arztpraxis wird man die Eltern nach einer gründlichen Untersuchung darauf aufmerksam machen und ihnen erklären, welche Lebensmittel für das Kind verboten sind. Eltern sollten auch die Erzieherinnen in Krabbelstuben und Kindergärten ebenso wie die Lehrer in der Schule über die Allergie ihres Kindes informieren.

Kinder länger stillen

Die Veranlagung für eine Allergie kann vererbt werden. Wenn ein Elternteil unter einer Allergie leidet, kann das Kind ebenfalls Allergien entwickeln.
Vorbeugend sollen Kinder, deren Eltern bereits Allergien aufweisen, mindestens sechs Monate gestillt werden.
Kinderärzte empfehlen, allergiegefährdeten Kindern erst nach dem siebten Monat Beikost zu geben. Besonders starke Allergene sollten dabei zunächst vermieden werden. Unter Allergenen versteht man allergieauslösende Stoffe. Die häufigsten Lebensmittelallergien werden hervorgerufen durch: Eiweiß, Kuhmilch, Hülsenfrüchte, Nüsse, Sojabohnen, Zitrusfrüchte, Eier, Fisch, Tomaten, Schokolade. Für die Beikost bei der Baby-Ernährung bedeutet das: Füttern Sie zunächst Breie ohne diese Lebensmittel. Ersetzen Sie den Orangensaft im Brei durch Apfelsaft, geben Sie keine Kuhmilch, kein Ei, keinen Fisch, keine Tomaten. Lassen Sie das Kind nicht an Keksen knabbern, die Spuren von Nüssen oder Schokolade enthalten könnten. Wenn nach einer solchen vorsichtigen Ernährung keine Allergie auftritt, kann in Absprache mit dem Kinderarzt ein neues Lebensmittel ausprobiert werden. Lassen Sie sich in jedem Fall vom Arzt gründlich über die Allergie Ihres Kindes aufklären. Weiteren Rat und Hilfe finden Sie bei Selbsthilfegruppen, auch im Internet oder bei Ernährungsberatungsstellen (siehe Adressen im Anhang ab Seite 142).

Bei der Ernährung eines allergiegeplagten Kindes muss genau darauf geachtet werden, dass der mit dem Arzt besprochene Ernährungsplan eingehalten wird. Schon ein Keks mit Weißmehl, Ei oder Nüssen kann bei einem darauf empfindlichen Kind zu einer kleinen gesundheitlichen Katastrophe führen. Milchfreie, eifreie und glutenfreie Nahrungsmittel gibt es in jeder Apotheke, in Reformhäusern und Bioläden.
Vorbeugend sollte in jedem Alter auf Fertignahrung jeglicher Art verzichtet werden, weil dort Zusatzstoffe enthalten sind, die bei empfindlichen Menschen – und kleine Kinder sind nun einmal empfindlicher als Erwachsene – Überempfindlichkeiten und Allergien auslösen können.
Wenn Ihr Kind ab und zu einen Bonbon lutscht oder einen fertig gekauften Fruchtjoghurt verzehrt, wird es allein davon noch keine Allergie bekommen. Wird der kleine Körper aber ständig mit Lebensmittelzusatzstoffen bombardiert, dann kapituliert das Immunsystem vieler Kinder irgendwann, und das Kind entwickelt eine Allergie.
Deshalb: Lesen Sie bei jedem industriell verarbeiteten Produkt, das Sie kaufen, die Zutatenliste sorgfältig durch. Je länger sie ist, desto mehr sollten Sie sich den Kauf noch einmal überlegen. Bioprodukte aus Reformhaus oder Bioladen, vom Wochenmarkt, vom Bauern oder auch aus dem Supermarkt sind immer vorzuziehen.

ÖKOLOGISCHER LANDBAU

Folgende Verbände bieten Lebensmittel aus ökologischem Landbau an:

- ANOG
- AÖL
- Biokreis
- Bioland
- Biopark
- Biosiegel
- Demeter
- Ecoland
- Gäa
- Naturland
- Ökosiegel
- VÖL

Darüber hinaus haben viele Supermärkte eigene Biomarken.

ERSATZ FÜR KUHMILCH

Ohne Milch- und Milchprodukte ist der hohe Kalziumbedarf von Kindern nur schlecht zu decken. Für die Flaschenernährung von Babys hat man deshalb ein Verfahren entwickelt, das Kuhmilcheiweiß durch Hitze bzw. Enzyme so stark aufzuspalten, dass es im Normalfall keine allergischen Reaktionen mehr hervorruft. Für größere Kinder, Jugendliche und Erwachsene empfiehlt sich bei einer Kuhmilchallergie das Ausweichen auf mit Kalzium angereicherte Sojaprodukte: Sojamilch, Sojadrinks und so weiter. Manche Kuhmilchallergiker schwören auch auf Ziegen- oder Schafsmilch. Allerdings gibt es auch viele Allergiker, die auch diese Milchsorten überhaupt nicht vertragen.

EIWEISSALLERGIE: VORSICHT VOR APFELSAFT!

Wenn Ihr Kind zu einem Kindergeburtstag eingeladen ist, informieren Sie die Eltern über die Lebensmittelallergie Ihres Kindes. Bei einer Eiweißallergie darf auch kein klarer Obstsaft getrunken werden. Viele industriell hergestellte Obstsäfte werden mit Eiweiß geklärt und können noch Spuren davon enthalten.

So macht das Essen allen Spaß

Genussvoll essen kann man lernen

Das gute Vorbild

Kinder ahmen alles nach. Deshalb müssen die Erwachsenen immer ein gutes Vorbild sein. Verbieten Sie ihrem Kind nicht das Stückchen Schokolade am Nachmittag, wenn Sie ab und zu eine ganze Schachtel Pralinen verputzen. Naschen Sie doch gemeinsam mit Ihrem Kleinen ganz genüsslich ein paar Kekse oder etwas anderes Süßes. Beim Fernsehen sollte normalerweise nicht gegessen werden. Planen Sie stattdessen kuschelige Lese- oder Fernsehstunden mit Ihrem Kind – einmal pro Woche oder einmal pro Monat. Dabei dürfen dann – als etwas ganz Besonderes – ein Riegel Schokolade oder eine Hand voll Salzstangen geknabbert werden, dazu gibt es einen Rohkostteller.

Essen als angenehme Erfahrung

Kinder sind neugierig, und sobald sie nicht mehr ausschließlich Muttermilch bekommen, lernen sie mit großer Begeisterung den Geschmack unserer Nahrungsmittel kennen. Jede einzelne Frucht, Gemüse roh und gekocht, Gewürze und Kräuter, Fleisch und Eier, Brot und Nüsse – alles wird getestet und ganz individuell für gut oder schlecht befunden. Essen ist ein Kulturgut, es erfreut die Sinne, es duftet, sieht schön aus, wärmt oder kühlt, macht satt, groß und stark. Damit Kinder mit Nahrungsmitteln schon früh angenehme Erfahrungen machen, ist es wichtig, dass sie sie mit positiven Erinnerungen verbinden. Deshalb wäre es schön, wenn die Kinder so oft es geht mit den Eltern gemeinsam am hübsch gedeckten Tisch sitzen dürften. Kaum etwas anderes verursacht bei Kindern ein solches Wohlgefühl, wie das gemeinsame Essen am Familientisch, das sie ein ganzes Leben lang in liebevoller Erinnerung behalten.

Kindergartenkinder sind häufig noch etwas zappelig, sie können nicht lange still sitzen. Zeigen Sie dem jungen Familienmitglied, was es heute zu essen gibt. Beschäftigen Sie sich intensiv mit dem Kind. Ermuntern Sie es, einen Löffel Kartoffelbrei oder Gemüse zu probieren. Wenn es die Speise mit Genuss verzehrt hat, freuen Sie sich mit Ihrem Kind. Wenn die Kinder feststellen, dass es bei Tisch nicht nur fröhlich zugeht, sondern dass die Speisen gut riechen und gut schmecken, werden sie sich auf jede Mahlzeit freuen. Während des Essens wird gegessen und nicht gespielt, aber alle freuen sich, wenn einer bemerkt, dass in der Schüssel eine herzförmige Kartoffel liegt. Kinder entdecken begeistert eine mondsichelförmige Bohne oder eine Nudel, die einem C ähnelt, dem ersten Buchstaben seines Vornamens. Kleine Kinder beißen auch gern ulkige Muster in eine Scheibe Brot oder Gurke.

Erfreuen Sie Ihren Nachwuchs mit besonderen Essritualen. Wie wäre es mit einem Fleischfondue zu Weihnachten, einem Käsefondue am ersten Advent? Oder Sie stellen jeden ersten Sonntag im Monat den Tischgrill auf. Jeder brutzelt sich sein Lieblingsgemüse, Obst, kleine Schnitzelchen und Würstchen am Tisch – ein kulinarischer Spaß für Jung und Alt. In guten Haushaltswarengeschäften finden Sie eine Reihe von Geräten, die Abwechslung auf den Tisch bringen: beispielsweise den heißen Stein, den Raclettegrill oder Crêpes-Pfannen. Kinder lieben auch die fröhlichen Grillabende im Sommer mit Familienfreunden. Alle beteiligen sich an den Vorbereitungen, und gegessen wird in großer Runde. Verbinden Sie besondere Anlässe wie beispielsweise den ersten Kindergartentag, den ersten Schultag, Ferienbeginn oder Ferienende mit einem besonderen Essen zu Hause oder außerhalb. Der Geburtstag ist sowieso ein ganz besonderer Tag – auch was das Essen betrifft.

KLEINER KNIGGE FÜR KINDER UND ELTERN

Kindergartenkinder sollten schon aus einem Becher trinken und einen Löffel halten können. Schulkinder können bereits mit kindgerechtem Besteck essen. Achten Sie frühzeitig darauf, dass das Kind gerade auf dem Stuhl sitzt. Mund und eventuell auch die Hände werden mit der Serviette abgewischt. Beim Auf- und Abdecken des Tisches können alle Kinder helfen.

Essen mit allen Sinnen erleben

Was gibt es Schöneres, als im Sommer die ersten roten Erdbeeren zu fühlen, zu riechen und zu schmecken? Oder denken Sie an die ersten neuen Kartoffeln oder den grasgrünen Augustapfel. Zeigen Sie Ihren Kindern die ganze wunderbare Welt der Lebensmittel, die silbrig glänzenden Fische und die Pfirsiche mit ihrer samtigen Oberfläche, die winzigen Reiskörner und die Riesenkürbisse. Riechen Sie an frisch gebackenem Brot und an den selbst geernteten Kräutern. Lassen Sie Ihre Kinder die bunte und vielfältige Welt der kulinarischen Genüsse mit allen Sinnen erfahren.

Sehen

Betrachten Sie mit Ihrem Kind einmal ganz bewusst die verschiedenen Gemüsearten, die Möhren und den Spargel, den Kohlrabi und die Roten Bete, die unterschiedlichen Salatsorten und Kräuter, den Kürbis und den Rosenkohl. Sehen Sie sich die Früchte an: Erdbeeren, Johannisbeeren, Bananen, Orangen, Kiwi, Äpfel, Pflaumen, Kirschen, Rhabarber usw. Das Kind wird staunen, wie groß die Formen- und Farbvielfalt dessen ist, was es gern isst. Erklären Sie dem Kind auch, dass in jedem Nahrungsmittel verschiedene Vitamine und Mineralstoffe stecken, die lebensnotwendig sind.

Fühlen

Nun kommen die Hände ins Spiel. Wie rau die Schale der Kiwi ist, wie schrumpelig die Haut der Orangen, wie samtig weich die Pfirsichhaut, wie erdig-hart die Kartoffel, wie schützend Bananen, Erbsen und dicke Bohnen verpackt sind. Geben Sie dem Kind eine ungeschälte Garnele in die Hand, einen Fisch und ein Stück Fleisch und Wurst. Essen Sie auch einmal ein Gericht mit den Fingern, wie das heute beispielsweise noch in Indien und Afrika üblich ist. Wie fühlt sich eine gekochte Möhre, ein Salatblatt, eine Frikadelle an? Lassen Sie Getreidekörner durch die Finger rieseln und ertasten Sie Mehl und Grieß, Nüsse mit und ohne Schale.

Lebensmittel finden

Für Großstadtkinder ist es eine ganz neue Erfahrung, Lebensmittel wild wachsend in der Natur zu entdecken. Machen Sie mit Ihrem Kind Ausflüge in den Wald und aufs Feld. Pflücken Sie Heidelbeeren und Holunder, Walderdbeeren, Vogelbeeren und Löwenzahn.

Riechen

Unser Geruchsorgan vergisst nichts! Ein Kind, das bei der Großmutter immer frisch gebackene Pfannkuchen oder ein gebratenes Hühnchen bekam, wird sich beim Geruch von Pfannkuchen und Hühnchen sein Leben lang an die Liebe der Großmutter erinnern. Für unsere Vorfahren war die Nase besonders wichtig, verriet sie doch, ob eine Frucht oder ein Stück Fleisch genießbar oder ungenießbar war. Auch wir riechen manchmal an der Milch, an der Suppe oder am Kartoffelsalat, ob da eventuell ein Geruch die empfindliche Nase erreicht, der uns »schlecht« oder »ungenießbar« signalisiert. Der Geruch jeder Speise ist auch entscheidend dafür, ob sie als lecker oder nicht lecker empfunden wird. Frisch gebackener Kuchen, gebratenes Fleisch, gehackte Kräuter und geröstete Nüsse duften für die meisten Menschen so verführerisch, dass ihnen das Wasser im Mund zusammenläuft. Und das hat seinen Grund, weil der Speichel schließlich dafür sorgt, dass die Speisen im Magen auch gut verdaut werden.

Hören

Warum beißen wir so gern in knusprige Brötchen und einen Schweinebraten mit krachender Kruste? Warum essen wir gern Chips, Knäckebrot, knackige Radieschen und Gurken und beißen gern in einen Apfel? Durch dieses Geräusch wird unserem Gehirn mitgeteilt, dass gerade etwas ganz besonders Leckeres gegessen wird. Hinhören muss man auch, wenn man ein Brot backt.

Klopft man auf die Unterseite des gebackenen Brotes, muss man ein hohles Geräusch vernehmen. Auch bei dicken Melonen und Kürbissen wird durch Anklopfen geprüft, ob die Frucht reif ist.

Matschen

Wer kann dazu schon Nein sagen: zermatschte Kartoffeln mit feiner Sauce. Aber lassen sich alle gekochten Nahrungsmittel zu Brei zerdrücken? Versuchen Sie es gemeinsam! Gekochtes Gemüse wie Möhren, Kohlrabi, gekochter Brokkoli, Blumenkohl und Weißkohl? Letzterer kann, egal wie weich er gekocht wurde, nicht zermatscht werden. So lernen Kinder, dass jedes Nahrungsmittel seine eigene Konsistenz besitzt – und wie es im Ganzen und zerdrückt schmeckt.

Kreativ werden

Bummeln Sie mit den Kindern doch einmal über den Wochenmarkt und kaufen Sie Gemüse, Kartoffeln, Obst, Fleisch, Kräuter, Salat und ein Stück Käse. Zu Hause angekommen, breiten Sie alles aus und überlegen zusammen, was daraus zubereitet werden kann: eine große Schüssel mit buntem Salat, Pellkartoffeln mit gebratenem Fleisch und als Dessert etwas Käse mit Obst. Möglich wäre aber auch ein Salat mit Obst, ein Auflauf aus Kartoffeln, Gemüse, Fleisch und Kräutern mit Käse überbacken. Oder ein Salat mit Obst und Käse vorneweg. Dann folgt eine Suppe aus Fleischbrühe, Gemüse, Kartoffeln, Fleischwürfeln und gehackten Kräutern.

Schmecken

Wenn die eingekauften Köstlichkeiten endlich zubereitet auf dem Teller liegen, gut aussehen und appetitlich riechen, probieren wir unsere Kreationen und kauen bewusst und langsam. Welch wunderbarer Geschmack breitet sich im Mund aus! Kinder sollen aber auch einmal ein giftgrünes Eis im Mund schmelzen lassen und danach einen aromatischen Apfel essen. Was hat besser, frischer, was gesünder geschmeckt? Um den kindlichen Geschmackssinn zu schulen, gibt es die Geschmacksrallye – ein essbarer Spaß für alle Kinder und ihre Freunde und Familien!

+++ TIPP +++ TIPP +++

Ausländische Küche

Vielfältige neue Sinneserlebnisse vermitteln Sie Ihrem Kind mit einem »Indientag« oder einem »Arabischen Tag«. Kochen Sie zusammen Gerichte aus einem fremden Land, riechen Sie an den Gewürzen und essen Sie mit den Fingern oder mit Stäbchen.

KÜNSTLICHE DÜFTE VERMEIDEN

Setzen Sie die empfindlichen Nasen Ihrer Familie nicht ständig künstlichen Düften aus. Nur in einer geruchsneutralen Umgebung kann man richtig riechen lernen. Verzichten Sie deshalb auf WC-Duft-Sticks, auf Weichspülmittel, Raumspray und chemisch parfümierte Blumenpotpourris.

Spielerisch lernen – Geschmacksrallye

Wenn Kinder hauptsächlich mit Fertiggerichten, mit Fastfood, Chips, Salznüssen und süßen Riegeln, Limo und Cola ernährt werden, stumpfen ihre Geschmacksnerven ab, weil ihre Speisen immer zu salzig, zu süß und zu fett sind. Geben Sie Ihren Kindern die Chance auszuprobieren, wie die natürlichen Nahrungsmittel schmecken, die in der Region wachsen. Das neue Geschmackserlebnis wird ihnen bei einer pfiffigen Geschmacksrallye vermittelt. Obendrein erleben sie, wie man eine Mahlzeit kocht, die alle gemeinsam nach dem Spiel verzehren. Die junge Generation soll mit diesem Spiel dafür sensibilisiert werden, sich nicht an den Einheitsgeschmack der Lebensmittelindustrie zu gewöhnen. Schon Erstklässler verweigern oft die hausgemachte Bananenmilch, weil das Getränk aus dem Supermarktregal viel bananiger und viel süßer schmeckt.

Roh – gekocht – aus der Dose: Was schmeckt am besten?

Mit einer Geschmacksrallye werden die Kinder sensibilisiert, bewusst auf den Geschmack verschiedener Nahrungsmittel zu achten. Das wird sich – früher oder später – positiv auf ihr Ernährungsverhalten auswirken. Veranstalten Sie doch mal anlässlich einer Kindergeburtstagsparty eine Geschmacksschule: Zur Auswahl können dabei stehen:

- **rohe ganze Möhren, geraspelte und gekochte Möhrenscheiben**
- **Erbsen und Möhren aus der Dose und gekochte TK-Erbsen und Möhren**
- **Obst aus dem Supermarkt und Bio-Früchte der Saison (Äpfel, Trauben, Birnen, Erdbeeren)**
- **rohe Zucchini, gekochte Zucchini, gebratene Zucchini**
- **frische Champignons, gebratene Champignons und Dosenchampignons**
- **Kartoffelpüree aus der Tüte und selbst gemachtes Kartoffelpüree**
- **frische Tomaten, Tomaten aus der Dose, fertige Tomatensauce**
- **einfaches Vanilleeis, teures Vanilleeis, selbst gemachtes Vanilleeis**

Achtung, giftig!

Beachten Sie beim eifrigen Probieren und Schmecken, dass einige Gemüsesorten roh nicht verzehrt werden dürfen: Dazu gehören Bohnen, frisch und getrocknet, ebenso alle anderen Hülsenfrüchte wie Linsen und Erbsen. Bohnen sollten deshalb immer gut durchgegart werden.

SCHMECKEN LERNEN IM KINDERGARTEN

Viele Vorschuleinrichtungen praktizieren es schon: Kochen mit Kindern. Wenn nicht – schlagen Sie es doch in Ihrem Kindergarten vor. Kürbissuppe, Apfelkuchen, Obstsalat sind leckere, einfache Rezepte, bei denen man viel lernen kann.

- preiswerter Erdbeerjoghurt, teurer Erdbeerjoghurt, selbst gemachter Erdbeerjoghurt
- Kräuterquark aus dem Supermarkt, selbst gemachter Kräuterquark

Diese und viele andere Nahrungsmittel können Sie einander gegenüberstellen. Die Kinder probieren mit verbundenen Augen jedes Produkt und sagen einem Erwachsenen, was sie schmecken und wie es schmeckt. Zwischen den einzelnen Verkostungen gibt es stilles Mineralwasser und etwas Brot zum Neutralisieren der Geschmacksnerven. Noch »wissenschaftlicher« wird es, wenn Sie sich vorher eine Liste anfertigen, auf der die einzelnen Nahrungsmittel verzeichnet sind. Daneben gibt es die Rubriken »Schmeckt sehr gut«, »Geht so« oder »Schmeckt mir nicht«. Für jedes Kind wird eine solche Liste kopiert, und nach der Rallye macht man sich an die Auswertung. Größere Kinder interessieren sich durchaus für ein solches Verfahren und für die Ergebnisse, z. B. »Champignons aus der Dose haben niemandem geschmeckt«.

Was ist das wohl? – Lebensmittel raten

Sie können die Kinder auch mit verbundenen Augen einzelne Nahrungsmittel kosten lassen wie rote, gelbe und grüne Paprikaschoten, Chicorée, Gurke, Radieschen, Kohlrabi, Zitrone, Orange, Mandarine, Apfel, Birne, Pfirsich, Nektarine, Pflaume, Erdbeere, Kirsche, Ananas, Banane, Trockenfrüchte, verschiedene Nüsse, aber auch Ketchup und Johannisbeergelee. Lassen Sie die Kinder auch an verschiedenen Kräutern wie Dill, Thymian, Rosmarin, Pfefferminze, Basilikum und Schnittlauch schnuppern. Sie werden überrascht sein, wie viel oder wie wenig einzelne Kinder erkennen. Aber immer macht so eine Geschmacksrallye allen Beteiligten Spaß. Wenn die Kinder begeistert dabei sind, lässt sich eine solche Rallye auch noch beliebig erweitern: Fragen Sie, ob das Kind weiß, was man aus dem jeweiligen Nahrungsmittel kochen kann, wozu man dieses Gewürz und jene Kräuter braucht, ob die Johannisbeere am Baum oder am Strauch wächst, ob jemand weiß, wie Erdnüsse wachsen etc.
Nach der Geschmacksrallye könnten alle zusammen aus den vorhandenen Lebensmitteln etwas kochen, beispielsweise Spaghetti mit Tomatensauce aus frischen Tomaten mit frischen Kräutern, Zwiebeln und Knoblauch. Als Nachtisch gibt es Himbeerjoghurt oder Erdbeerquark – natürlich selbst gemacht mit frischen Früchten.

Geschmackssache – Eurotoques

Eurotoques ist ein Zusammenschluss von europäischen Spitzenköchen, die Kindergärten und Schulen besuchen und Kindern den Unterschied zwischen industrieller Nahrung und frischen Lebensmitteln durch Probieren nahe bringen. Informieren Sie sich im Internet – oder Sie stellen in Ihrem Kindergarten selbst so etwas auf die Beine? (Siehe Adressen ab Seite 142)

+++ TIPP +++ TIPP +++

Getesteter Genießer

»Lebensmittel raten« kommt auf Kindergeburtstagen noch besser an, wenn es dann eine »Urkunde« gibt. Bereiten Sie die Dokumente vor, auf denen den Kindern durch Ihre Unterschrift bestätigt wird, dass sie die »Prüfung zum getesteten Genießer bestanden« haben.

Früh übt sich: Kochen mit Kindern

Es macht großen Spaß, schon mit den kleinen Kindern zu kochen. Zuerst wollen sie nur mal den Pudding umrühren. Dann greifen sie gern zu den Gewürzgläsern, schnuppern und streuen Curry, Rosmarin und Fenchelsamen in die Tomatensauce. Mit fünf, sechs Jahren können viele Kinder schon einen Pudding kochen, wenn ihnen ein wenig dabei geholfen wird. Sie können auch grüne Bohnen und Champignons putzen, Paprikaschoten klein schneiden, Salatdressing anrühren, den Salat mischen, Plätzchen ausstechen, fertig gebackene Plätzchen mit Zuckerguss verzieren, Frikadellen und Hackbällchen formen und Pizzateig belegen.

Verbannen Sie Ihre Kinder nicht grundsätzlich aus der Küche, weil Sie ohne kindliche Hilfe schneller ein Essen zubereitet haben. Natürlich können Sie dem Kind ab und zu erklären, dass es jetzt ganz schnell gehen muss und sie das heute alleine erledigen. In den meisten Fällen findet sich aber eine Aufgabe, die Sie Ihrem Kind übertragen können: Tomaten klein schneiden und den Salat damit dekorieren, drei Esslöffel Öl abmessen und in die Schüssel gießen, die Kuchenform fetten oder den Hefeteig gründlich durchkneten. Für das Kind ist es wichtig, zu sehen, wie eine Speise entsteht. Kinder, die normalerweise nicht viel oder ungern essen, langen kräftig zu, wenn sie beim Zubereiten des Eintopfs oder des Auflaufs geholfen haben. Kinder lieben es auch, Kuchen- oder Brotteig zu kneten. Geben Sie ihnen eine Portion von Ihrem Teig ab und lassen Sie das Kind in kleinen Förmchen Kuchen backen oder selbst ein Brot formen und backen. Oder stellen Sie aus Ei, Zucker, Joghurt, geschlagener Sahne und Himbeeren eine Eismasse her, die im Tiefkühlgerät einige Stunden gefrieren muss.

Während sie in der Küche helfen, lernen Kinder, wie Kartoffeln, Nudeln und Reis, Gemüse, Suppen und Aufläufe, Kuchen und Brote hergestellt werden. Wenn die Kinder von der Planung über den Einkauf bis zur Zubereitung überall beteiligt waren, werden nur noch zufriedene Kinder um den Tisch sitzen, die nun wissen, dass Kartoffelpüree nicht aus der Tüte kommt und der Eintopf nicht aus der Dose, dass Pommes nicht in der Gefriertruhe wachsen und Erbsen und dicke Bohnen erst aus den Schoten befreit werden müssen.

Betteln verboten!

Bleiben Sie standhaft, wenn Ihr Junior beim Anblick von Süßigkeiten sofort danach greift. Geben Sie nicht nach, wenn er auf Ihr Nein hin anfängt zu schreien, zu toben oder zu betteln: »Bitte, bitte, liebe Mami, nur das kleine ...«, »alle dürfen ...«, »alle haben in der Pause so etwas dabei ...«, und so weiter. Ein Kind, das von klein auf daran gewöhnt ist, dass aus den Süßigkeitenregalen an der Kasse nie etwas gekauft wird, schreit und tobt normalerweise nicht, wenn es sich nichts aussuchen darf. Oder Sie vereinbaren von vornherein, dass das Kind sich heute für einen bestimmten Betrag etwas kaufen kann.

Einfluss von Medien, Schule, Freunden und Großeltern

Die Werbung ist überall! An hunderten von Straßen überall auf der Welt leuchtet nicht nur den Kindern das große M entgegen. »Mama, ich hab Hunger!«, schallt es von hinten an der Eltern Ohr. Gibt man Gas, protestiert der Nachwuchs. Was tun? Blinker setzen, rausfahren, Hamburger, Pommes frites und Limo ordern! Alle sind zufrieden? Wirklich alle? Die Kinder sicherlich. Sie haben ihren Willen bekommen. Die Eltern plagt häufig ein schlechtes Gewissen. Wäre ein Apfel oder eine Banane nicht gesünder?

Fastfood gehört zu unserem Leben wie das Auto und das Fernsehgerät. Wenn wir damit richtig umgehen, ist die Welt in Ordnung. Erklären Sie Ihrem Kind, warum Fastfood nicht gesund, weil nährstoffarm und zu fett ist. Wenn Ihr Kind darauf drängt, in Fastfood-Restaurants zu gehen, dann liegt das oft nicht daran, dass ihm das Essen dort so gut schmeckt, sondern daran, dass

- »alle« aus der Klasse da hingehen;
- die Werbung suggeriert, dass es »cool« ist, dort zu essen;
- die Mahlzeiten lustige Namen haben;
- es zusätzlich Spielsachen oder andere Kleinigkeiten als »Geschenk« gibt.

Damit Ihr Kind nicht das Gefühl bekommt, ein Außenseiter zu sein, ist es sinnvoll, Fastfood und einen Besuch solcher Lokale nicht komplett zu verbieten. Gehen Sie ein paar Mal im Jahr Fastfood essen, dann kann Ihr Kind in seiner Gruppe mitreden. Nicht wenige Kinder, die zu Hause an frisch gekochte gesunde Mahlzeiten gewöhnt sind, stellen erstaunt fest, dass ihnen Fastfood eigentlich gar nicht schmeckt.

Die Werbung im Fernsehen, in Zeitschriften und im Supermarkt macht die kleinen Verbraucher mit bunten, lustigen Bildern und Geschichten schon darauf aufmerksam, was lecker schmecken könnte. Sprechen Sie mit Ihren Kindern über die Werbung. Ohne Werbung gäbe es all diese Kindernahrungsmittel gar nicht, weil wir solche »Nahrungsmittel« nicht brauchen.

Erklären Sie Ihrem größeren Kind, warum die Planer eines Supermarkts diverse Milchschnitten für Kinder genau in Augenhöhe der Kinder im Kühlregal lagern und warum sie Süßigkeiten ganz in der Nähe der Kasse platzieren. Weil sie nämlich damit rechnen, dass kleine Kinder mit ihren Müttern dort in

COLA SCHADET DEN KNOCHEN

Cola-Getränke enthalten viel Phosphorsäure, das die Aufnahme von Kalzium in den Knochen verhindert. Gerade für Mädchen steigt das Risiko für eine spätere Osteoporose enorm an, wenn sie als Teenager zu wenig Milch und zu viel Cola trinken. Vielleicht überzeugt dieses Argument Ihre halbwüchsige Tochter – die Aussicht auf vermindertes Wachstum und verkrümmte Knochen?

+++ TIPP +++ TIPP +++

Fastfood selbst gemacht

Mit unserem Rezept (S.84) kann Ihr Kind einen selbst gemachten Hamburger als Pausenbrot mitnehmen. Der ist gesund, sieht lecker aus und schmeckt den meisten Kindern besser als der fettreiche aus dem Fastfood-Lokal.

der Warteschlange stehen und auf diesen Trick hereinfallen. Und: »So dumm sind wir doch nicht, dass wir darauf reinfallen?«
Älteren Kindern können Sie den Hamburger oder die Limo nicht verbieten. Unterwegs mit Freunden, nach der Schule, im Kino werden sie essen und trinken, was sie wollen. Es ist unrealistisch, zu denken, dass das Kind mit seinen Freunden im Kino oder bei einer Veranstaltung sein mit Käse belegtes Vollkornbrötchen aus der Tasche holt und dazu Mineralwasser trinkt.
Deshalb: Klären Sie Ihr Kind auf und sagen ihm, warum allzu Süßes und Fetthaltiges nur selten verzehrt werden soll. Gegen ein Eis oder ein kalte Cola im Sommer ist nichts einzuwenden.
Dann sind da noch die lieben Verwandten – Großeltern, Paten, Tanten und Onkel. Auch sie sehen fern, lesen Zeitschriften und hören von allen Seiten, wie die Kinder sich über Süßigkeiten freuen. Und sie glauben der Werbung, die sie damit beruhigt, dass in den Leckereien ja viel gesunde Milch enthalten sei und Vitamine. Entweder sammeln Sie die geschenkten Süßigkeiten ein und verteilen sie in kleinen Portionen an die Kinder, oder sie sagen den Verwandten und Freunden, worüber sich die Kinder mindestens genauso freuen: ein kleines Spielzeug, ein Buch, ein Kartenspiel, einen Malblock, Buntstifte oder eine Kassette.

Vitaminreiche Beeren

Greifen Sie im Sommer öfter zu frischen Beeren – sie erfrischen, Kinder lieben ihren feinen Geschmack. Außerdem enthalten alle Beeren viel Vitamin C, B-Vitamine, zahlreiche Mineralien und Ballaststoffe.

Obst und Gemüse richtig zubereiten

Beeren und Früchte zum Rohverzehr werden unzerkleinert unter fließendem lauwarmem Wasser gewaschen und trockengerieben bzw. -getupft. Kleine saftige Früchte wie Erdbeeren, Kirschen, Pflaumen und Johannisbeeren erst lauwarm abspülen und dann putzen bzw. entkernen. Nach Belieben können hartschalige Früchte auch geschält werden. Doch sitzt bei Äpfeln und Birnen, wie auch bei Möhren und Kartoffeln, ein großer Teil der Vitamine direkt unter der Schale. Deshalb sollten Sie sich und Ihre Kinder daran gewöhnen, Äpfel und Birnen nur gründlich zu waschen und dann mit Schale zu verzehren. Kartoffeln enthalten mehr Vitamine, wenn sie gewaschen, mit Schale gekocht und dann erst gepellt werden. Frühkartoffeln kann man auch nur kräftig

abbürsten und dann mit Schale garen und essen. Zitrusfrüchte sollten aus Bioanbau kommen, will man ihre Schale mitverwenden. Trotzdem wird auch bei Biozitrusfrüchten die Schale heiß abgewaschen und trockengerieben. Das köstliche Fruchtfleisch vieler exotischer Früchte ist von einer harten Außenhaut umgeben, die immer weggeschnitten wird.
Bei Salaten, Spinat und Kohlgemüse werden die äußeren Blätter und alle Blattrippen entfernt, da sich hier besonders viel schädliches Nitrat ansammeln kann. Bei Tomaten muss der Stielansatz und bei Paprikaschoten Kerne und Trennwände entfernt werden. Vorbereitetes Obst, Gemüse und Salate sowie Kräuter immer nur kurz waschen und abtropfen lassen. Nie im Wasser liegen lassen, weil sonst die wasserlöslichen Vitamine ausgeschwemmt werden. Obst und Gemüse sofort verzehren bzw. weiterverarbeiten.
Gemüse und Kartoffeln werden normalerweise in Salzwasser gegart. Mit dem Kochwasser schüttet man dann allerdings auch viele Vitamine und Mineralstoffe weg. Es sei denn, das Kochwasser wird für Saucen, Suppen und Salatdressings verwendet. Zu langes Garen vernichtet die Nährstoffe. Am schonendsten wird Gemüse im Dampf gegart.
Zu den weniger empfehlenswerten Garmethoden gehören das scharfe Braten und Anbraten von Fleisch, Fisch und Eiern, aber auch von Gemüse. Frittiertes ist ebenfalls wegen des hohen Fettgehalts nicht zu empfehlen.
Kleine Mengen von Kartoffeln und Gemüse, aber auch zartes Fleisch und empfindlicher Fisch können im Mikrowellengerät gegart werden. Um aber zu

VITAMINREICHES UND KNACKIGES GEMÜSE AUS DEM WOK

Schon seit Jahren ist die asiatische Küche bei uns sehr beliebt. Die Gerichte Asiens sind nicht nur sehr schmackhaft, sie sind vitaminreich, fettarm und schnell zubereitet. Nur die Vorbereitung dauert ein wenig länger. Schneiden Sie beliebiges Gemüse wie Möhren, Lauch, Frühlingszwiebeln, Zuckerschoten, grüne Bohnen, Pilze, Blumenkohl, Brokkoli, Chinakohl usw. in sehr feine Streifen bzw. Röschen. Wenig Öl im Wok oder in einer Pfanne erhitzen und das Gemüse darin mit etwas Salz, Wasser, Brühe oder Kokosmilch unter ständigem Rühren kurz garen. Das schmeckt außerordentlich gut. Wer mag, fügt etwas in Streifen geschnittenes Geflügelfleisch, gewürfelten Fisch oder Garnelen hinzu.

+++ TIPP +++ TIPP +++

Gemüse fettarm backen

Lecker und fettarm: Gebackenes Gemüse aus dem Ofen wie Kartoffeln, Rote Bete und Möhren. Die Gemüse dafür unter dem Wasserhahn abbürsten, halbieren und auf Backpapier legen. Mit wenig Olivenöl bepinseln, grobes Salz drüber – und ab in den Backofen.

gewährleisten, dass Gemüse, Fleisch und Fisch richtig durchgegart sind, sollte Kindernahrung besser im Kochtopf auf dem Herd erhitzt werden. Für Kindergartenkinder sollte Gekochtes besser nicht in der Mikrowelle aufgewärmt werden. Beim Erhitzen im Topf ist sichergestellt, dass die Speise richtig durcherhitzt wird.

BSE, Salmonellen, Acrylamid & Co.

Kein Nahrungsmittel auf unserer Erde ist unbelastet, außer vielleicht Keime und Sprossen, die zu Hause selbst gezogen werden. Der Verbraucher ist zu Recht verärgert, wenn er aus Profitgier oder Unwissenheit einiger Produzenten mit Schadstoffen in seiner Nahrung konfrontiert wird. Rindfleisch mit BSE will der Mensch ebenso wenig auf dem Teller haben wie Schweineschnitzel mit Antibiotika, Geflügelfleisch mit Salmonellen, Weintrauben und Paprikaschoten mit Rückständen von Pflanzenschutzmitteln.

Obst und Gemüse sollte man vor dem Verzehr gründlich unter warmem Wasser abbrausen und hinterher trockenreiben bzw. mit einem Sparschäler dünn schälen.Weniger belastet sind Bioprodukte, wie sie in Reformhäusern, Bioläden, in Hofläden, auf Märkten und inzwischen auch im Supermarkt angeboten werden. Bei Fleisch und Geflügel müssen Sie Ihrem Händler trauen, dass er eine gute Qualität verkauft. Achten Sie beim Verarbeiten von Geflügel auf äußerste Sauberkeit. Geflügel innen und außen unter kaltem Wasser waschen, trockentupfen und sofort weiterverarbeiten. Arbeitsgeräte und Arbeitsfläche sofort gründlich mit heißem Seifenwasser säubern. Tiefgefrorenes Geflügel ausgepackt auf einem Teller, mit Folie locker abgedeckt, über Nacht im Kühlschrank, nicht offen in der Küche, auftauen lassen und die Auftauflüssigkeit weggießen. Geflügelfleisch immer vollständig durchgaren.

Zahlreiche Metzger erklären den Kunden per Aushang im Laden, woher ihre Schlachttiere kommen, und garantieren so, dass einwandfreies Fleisch verkauft wird. Biofleisch gibt es sogar in Supermärkten. Insbesondere Biowurstwaren sollte man den Vorzug vor konventionell hergestellter Ware geben. Die Tiere werden artgerecht aufgezogen und gefüttert – anders als in der Massen-

MUSS ES BIO SEIN?

Pflanzliche Produkte wie Obst, Gemüse und Getreide sowie Fleisch, Fisch, Milch, Milchprodukte und Eier aus ökologischem Landbau haben viele Vorteile gegenüber herkömmlichen Produkten. Öko-Lebensmittel stammen zum überwiegenden Teil aus der Region und sind weniger belastet. Sie sind nährstoff- und vitaminreicher, weisen keine Hormone und keine Rückstände von Antibiotika auf, sie werden nicht bestrahlt und gentechnisch verändert. Sie enthalten keine künstlichen und naturidentischen Aromen. Die Tiere werden artgerecht gehalten und bekommen Futter aus ökologischem Landbau. Aufgrund des geringeren Energieeinsatzes belasten sie die Umwelt weniger. Backwaren, Brotaufstriche, Saucen und Süßwaren enthalten keine oder weniger Zusätze und Hilfsmittel. Süßwaren sind allerdings auch süß und fetthaltig.

tierhaltung, wo schnelles Wachstum der Tiere durch Kraftfutter und chemische Stoffe gefördert wird. Häufig werden diese Tiere mit Medikamenten behandelt, damit sich in den engen Ställen keine Krankheiten ausbreiten.
Acrylamid konnte erst 2002 aufgrund neuer Messtechniken nachgewiesen werden, und prompt fanden die Wissenschaftler in Brot, Knäckebrot, gebratenen Kartoffeln und Chips Acrylamid. Diese Substanz erwies sich im Tierversuch als Krebs erregend. Solange nichts Gegenteiliges bekannt wird, sollte der Verbraucher, besonders der Gesundheit seiner Kinder zuliebe, auf braun Gebratenes und Gebackenes verzichten oder zumindest den Genuss stark einschränken. Eine Verharmlosung von Acrylamid ist verantwortungslos.
Acrylamid entsteht beim Backen, Braten, Frittieren und Grillen von stärkehaltigen Lebensmitteln. Verzichten Sie auf Backwaren (Brote, Brötchen, Kleingebäck) mit dunkelbrauner Kruste, auf Kartoffelchips und Pommes frites. Pommes gehören gerade bei den Kindern zu den Lieblingsgerichten. Was tun? Bereiten Sie die köstlichen Kartoffeln doch selber im Backofen zu. Längliche geschälte Kartoffeln werden längs geviertelt, leicht mit Öl eingerieben und auf ein Backblech mit Backpapier gelegt. Dann bei maximal 200 °C (Umluft 180 °C, Gas Stufe 3) im Backofen goldgelb braten. Wer die Pommes frites in einer Fritteuse herstellen will, darf das Fett nicht höher als 175 °C erhitzen. Backofen-Pommes enthalten relativ wenig Acrylamid. Fast alle anderen Pommes, egal ob unterwegs aus der Tüte genascht oder zu Hause zubereitet, weisen immer noch zu hohe Acrylamidwerte auf.

GENTECHNISCH VERÄNDERTE NAHRUNGSMITTEL

Niemand weiß, ob uns gentechnisch veränderte Sojabohnen oder gentechnisch veränderter Mais irgendwann einmal Schaden zufügen. Keiner hat Erfahrung damit, wie unser Körper darauf reagiert, dass er ständig mit künstlich verändertem Genmaterial in der Nahrung gefüttert wird. Überall dort, wo gentechnisch veränderte Pflanzen enthalten sind, muss dies auf der Zutatenliste vermerkt sein. Am besten meiden Sie solche Lebensmittel.

+++ TIPP +++ TIPP +++

Gold ist goldrichtig!

Achten Sie auch zu Hause darauf, dass das Toastbrot nicht zu dunkel getoastet wird. Pizza, Brot, Brötchen und anderes Gebäck nie zu dunkel backen. Auch panierte Schnitzel und Fleisch nie dunkelbraun braten, grillen oder frittieren. Gold ist immer goldrichtig!

Das schmeckt der ganzen Familie

Leckere Rezepte für morgens, mittags, abends

ZUTATEN

500 g kernige
Haferflocken
125 g getrocknete
Soft-Aprikosen
125 g getrocknete
Apfelringe
100 g getrocknete
Pflaumen ohne Kern
75 g Rosinen
75 g gehackte Haselnüsse
oder Mandeln

ca. 20 Portionen
+ Kind kann beim
Zubereiten helfen
ca. 175 kcal/Portion
15 Min. Zubereitungszeit

MENGENWEISE NÄHRSTOFFE

Diese Müslimischung ist besonders nährstoffreich: 28,6 g Kohlenhydrate, 4,3 g Eiweiß, 4,3 % Fett, 3,6 g Ballaststoffe, 0,2 mg B1, 0,08 mg B2, 11,7 µg Folsäure, 1,8 mg Vitamin E, 49,5 mg Magnesium (pro Portion).

Guten Morgen: Das füllt die leeren Tanks wieder auf

Müslimischung

Da wissen Sie, was drin ist: Die Müslimischung schenkt morgens Kraft und ist Gehirnnahrung für einen langen Schultag.

Die Haferflocken in eine große Schüssel geben. Aprikosen, Apfelringe und Pflaumen klein schneiden. Mit den Rosinen und den Nüssen unter die Haferflocken mischen und in einem Glas mit Schraubverschluss aufbewahren.

Dinkelmüsli mit Orange

ZUTATEN

- 2 EL Dinkelvollkornschrot
- 3 EL Orangensaft
- 100 g Dickmilch
- 1 Apfelsine
- 1 TL Leinsamen
- 1 EL gesüßter Sanddornsaft

1 Portion
+ Blitzgericht
+ fettarm
ca. 300 kcal
15 Min. Zubereitungszeit

1. Dinkelschrot mit dem Saft mischen und über Nacht im Kühlschrank ausquellen lassen. Am nächsten Morgen den gequollenen Dinkel mit der Dickmilch glatt rühren.
2. Die Apfelsine wie einen Apfel schälen und in mundgerechte Stücke schneiden. Mit der Dinkelmischung verrühren und in einer Schale anrichten. Mit Leinsamen bestreuen und mit Sanddornsaft beträufeln.

Hafermüsli mit Pfirsich und Himbeeren

ZUTATEN

- 5 EL kernige Haferflocken
- 1 EL Zitronensaft
- 8 EL fettarme Milch
- 1 TL Mandelmus
- 2 TL Honig
- 1 reifer Pfirsich
- 100 g Himbeeren

2 Portionen
+ Blitzgericht
+ fettarm
ca. 215 kcal/Portion
15 Min. Zubereitungszeit

1. Die Haferflocken über Nacht im Kühlschrank in 5 EL Wasser einweichen. Am nächsten Morgen die eingeweichten Haferflocken mit Zitronensaft, Milch, Mandelmus und Honig glatt rühren.
2. Den Pfirsich häuten und halbieren. Sitzt die Haut zu fest am Fruchtfleisch, wird der Pfirsich kurz in kochendes Wasser getaucht, gehäutet und halbiert. Den Kern herauslösen und den Pfirsich in mundgerechte Stücke schneiden. Die Himbeeren verlesen. Pfirsichstücke und Himbeeren vorsichtig mit der Haferzubereitung vermengen und auf zwei Schalen verteilen.

KIND KOCHT MIT

Lassen Sie Ihr Kind die Zutaten mischen und die Trockenfrüchte klein schneiden. So sieht es, woraus sein Müsli besteht und kann selbst entscheiden, ob es große oder kleine Fruchtstücke haben möchte.

VARIANTE

Für ein exotisches Müsli können Sie die Haferflocken auch mit einer Mischung aus weichen getrockneten Feigen, Datteln, Ananas, Papayas und Kokosflocken mischen. Getrocknete Früchte finden Sie in Reformhäusern und Bioläden. Für ein Festtagsmüsli können einige Raspel Bitterschokolade untergemischt werden.

Beerenjoghurt mit Knusperflocken

ZUTATEN

2 EL kernige Haferflocken
1 TL Zucker
1 Becher Joghurt (1,5 %)
1 Tasse gemischte Beeren

1 Portion
+ Blitzgericht
+ Das schmeckt auch Kindergartenkindern
+ fettarm
ca. 215 kcal
10 Min. Zubereitungszeit

1. Die Haferflocken in einer beschichteten Pfanne ohne Fett leicht rösten, bis sie duften. Den Zucker einstreuen und leicht karamellisieren lassen. Die Flokken auf einem Teller fest werden lassen und zerbröseln.
2. Den Joghurt mit den gewaschenen und geputzten oder den aufgetauten, tiefgefrorenen Beeren in einer Schale mischen und kurz vor dem Anrichten mit den Knusperflocken bestreuen.

Kirschquark

ZUTATEN

125 g Quark (10 % Fett)
75 g Joghurt (1,5 % Fett)
3 EL Instant-Haferflocken
1 TL Zitronensaft
150 g Kirschen, entsteint
2 TL Himbeersirup
4 gehackte Haselnusskerne

2 Portionen
+ Blitzgericht
+ fettarm
ca. 200 kcal/Portion
15 Min. Zubereitungszeit

1. Den Quark mit dem Joghurt glatt rühren. Instant-Haferflocken und Zitronensaft dazugeben und mischen.
2. Die Kirschen unterziehen und den Quark auf zwei Schalen verteilen. Den Himbeersirup darüber träufeln und mit den gehackten Nüssen bestreuen.

VARIANTE

Wenn Ihr Kind gern Knusperflocken isst, stellen Sie einmal eine größere Menge davon her und bewahren die Flocken in einem geschlossenen Gefäß bei Zimmertemperatur auf. Besonders fein schmecken die Knusperflocken, wenn in die Pfanne noch ein paar Mandelblättchen oder gehackte Haselnüsse kommen.

BEEREN

Alle Beeren enthalten viel Vitamin C, das die Abwehrkräfte stärkt. Erdbeeren und Himbeeren sind außerdem reich an Vitamin A, an den Vitaminen der B-Gruppe, Kalium, Kalizum, Magnesium, Eisen und Phosphor.

Grießbrei mit brauner Butter

1. Die Milch mit 5 TL Zucker und Vanillezucker zum Kochen bringen. Den Grieß in eine Tasse geben und unter Rühren in die kochende Milch einrieseln lassen. Den Grieß einmal aufkochen, dann abgedeckt neben dem Herd mindestens 5 Minuten ausquellen lassen.
2. Die Butter bei mittlerer Hitze leicht bräunen. Den Brei auf zwei tiefe Teller verteilen und in die Mitte jeweils eine Mulde drücken. Die Butter mit dem Kakaopulver und dem restlichen Zucker mischen und in die Mulde gießen.

ZUTATEN

1/2 l fettarme Milch
6 TL Zucker
1/2 Pck. Vanillezucker
4 EL Weichweizengrieß
40 g Butter
1/2 TL Kakaopulver

2 Portionen
+ Blitzgericht
+ Das schmeckt auch Kindergartenkindern
ca. 475 kcal/Portion
15 Min. Zubereitungszeit

Englischer Haferbrei

1. Die Milch mit der gleichen Menge Wasser und einer Prise Salz zum Kochen bringen. Die Milch-Wasser-Mischung über die Haferflocken gießen, umrühren und 3 Minuten ausquellen lassen.
2. Den Brei auf zwei tiefe Teller verteilen. Jeweils 1 TL Sahne und Honig über den Brei träufeln.

ZUTATEN

200 ml fettarme Milch
Salz
125 g zarte Haferflocken
2 EL süße Sahne
2 TL Honig

2 Portionen
+ Blitzgericht
+ fettarm
ca. 315 kcal/Portion
10 Min. Zubereitungszeit

VARIANTE

Der Grießbrei schmeckt warm und kalt. Abgekühlt ist er jedoch etwas fester. Statt brauner Butter können Sie zu dem Brei auch frisch gekochtes Apfel-, Zwetschgen- oder Kirschkompott servieren.

ZUTATEN

200 g Erdbeeren
2 TL Zucker
1 TL Zitronensaft
6 EL zarte Haferflocken
1/2 l Milch
1 TL Mandelmus

2 Portionen
+ Blitzgericht
+ Das schmeckt auch Kindergartenkindern
+ fettarm
ca. 315 kcal/Portion
10 Min. Zubereitungszeit

Erdbeercreme mit Haferflocken

Erdbeeren sind prallvoll mit guten Biostoffen – zusammen mit Hafer ein echtes Powerfrühstück.

1. Die Erdbeeren waschen, putzen und in kleine Würfel schneiden. Mit Zucker und Zitronensaft mischen. Die Erdbeeren 5 Minuten Saft ziehen lassen. Etwa ein Drittel der Erdbeeren mit einer Gabel zerdrücken.

2. Erdbeerstückchen, zerdrückte Erdbeeren, Haferflocken, Milch und Mandelmus miteinander mischen und kurz durchziehen lassen.

MENGENWEISE NÄHRSTOFFE

Im Erdbeermüsli stecken 42,4 g Kohlenhydrate, 14,1 g Eiweiß, 9,4 g Fett, 4,3 g Ballaststoffe, 355 mg Kalzium, 99 mg Magnesium, 0,6 mg Vitamin B2, 68,2 mg Vitamin C, 1,3 µg Vitamin B12 (pro Portion).

HAFER

Hafer gilt als unser gesündestes Getreide. Es enthält viele wertvolle Nährstoffe: besonders hochwertiges Eiweiß, ungesättigte Fettsäuren, leicht verdauliche Kohlenhydrate und mehr Spurenelemente als andere Getreide.

Vollkorntoast mit Nussnugatcreme und Birne

1. Die Birne halbieren, schälen und vom Kernhaus befreien. Die Birnenhälften in einem kleinen Topf mit Wasser, Zitronensaft und der Zimtstange zum Kochen bringen. Im geschlossenen Topf neben dem Herd 10 bis 15 Minuten gar ziehen lassen.
2. Das Brot leicht toasten und mit Nussnugatcreme bestreichen. Die Birnenhälften gut abgetropft darauf setzen und mit den Pistazien bestreuen.

ZUTATEN

1 Birne
1 EL Zitronensaft
1 kleine Zimtstange
2 Scheiben Vollkorntoast
2 TL Nussnugatcreme
1 TL gehackte Pistazien

2 Portionen
+ Blitzgericht
+ fettarm
ca. 150 kcal/Portion
10 Min. Zubereitungszeit

Vollkornbrot mit Quark, Banane und Honig

Die beiden Brotscheiben mit dem Quark bestreichen. Die Banane schälen und schräg in Scheiben schneiden. Die Bananenscheiben in den Quark drücken und mit dem Honig beträufeln.

ZUTATEN

2 Scheiben Vollkornbrot mit Sonnenblumenkernen
125 g Quark (20 % Fett)
1 kleine Banane
2 TL Honig

2 Portionen
+ Blitzgericht
+ fettarm
ca. 220 kcal/Portion
10 Min. Zubereitungszeit

Bananen

Bananen sind ein köstliches Kraftpaket. Sie schmecken vorzüglich, kommen gut verpackt auf die Welt und sind sehr gesund und nahrhaft. Besonders hoch ist ihr Gehalt an den Vitaminen A, C, B6 und Kalium.

VARIANTE

Für ein sonntägliches Frühstück wird 1 EL Mandelblättchen goldgelb in einer Pfanne ohne Fett geröstet. Die Brotscheiben mit Honig oder Quittengelee bestreichen, darauf die Birnenhälften setzen. Nun 2 bis 3 TL Nussnugatcreme erhitzen und über die Birnenhälften träufeln. Mit den Mandelblättchen bestreuen.

Radieschenquark auf Brot

ZUTATEN

- 150 g Quark (20 % Fett)
- 2 EL fettarme Milch
- 1 Prise Salz
- 1 Prise Zucker
- 8 Radieschen
- 2 Scheiben Vollkornbrot
- 1 TL Butter
- 2 TL Schnittlauchröllchen

2 Portionen
\+ Blitzgericht
\+ fettarm
ca. 185 kcal/Portion
15 Min. Zubereitungszeit

1. Den Quark mit Milch, Salz und Zucker cremig rühren. Sechs Radieschen putzen, waschen und mittelfein zum Quark raspeln. Die restlichen Radieschen in dünne Scheiben schneiden.

2. Die Brote dünn mit Butter bestreichen und den Radieschenquark darauf verteilen. Mit den Radieschenscheiben dekorativ belegen und mit Schnittlauchröllchen bestreuen.

VARIANTE

Statt mit Quark schmecken die Brote auch mit körnigem Frischkäse.

Apfeljoghurt

ZUTATEN

- 150 g Joghurt (3,5 % Fett)
- 1 TL Zitronensaft
- 1 Msp. Zimt
- 2 EL zarte Haferflocken
- 1 kleiner Apfel
- 1 TL Mandelblättchen
- 1 TL Honig

1 Portion
\+ Blitzgericht
ca. 300 kcal
15 Min. Zubereitungszeit

1. Joghurt mit Zitronensaft, Zimt und Haferflocken mischen. Den Apfel waschen, schälen und grob zur Joghurtmischung raspeln. Unterrühren und den Joghurt in einer Schale anrichten.

2. Die Mandeln nach Belieben kurz in einer Pfanne ohne Fett goldgelb rösten und über den Apfeljoghurt streuen. Zum Schluss den Honig in dünnem Strahl darüber träufeln.

VARIANTE

Der Apfel kann durch jedes andere Obst wie Birne, Aprikose, Pfirsich, Pflaume, Beeren, Orange usw. ersetzt werden.

ÄPFEL

Ob ein Apfel pro Tag tatsächlich den Arzt fernhält, wie ein englisches Sprichwort behauptet, ist nicht erwiesen. Aber ein frischer Apfel mit Stumpf und Stiel verputzt, also mit Schale und Kerngehäuse, enthält viel Vitamin A, B6, und C sowie Jod (Kerngehäuse), Kalium und Kalzium.

KÜCHENKRÄUTER

Unsere beliebtesten Küchenkräuter heißen Petersilie, Schnittlauch und Dill. Kräuterfans ziehen ihre Lieblingskräuter auf dem Fensterbrett, auf dem Balkon oder im eigenen Garten. Aber auch in den Gemüseabteilungen der Supermärkte und in den Tiefkühlgeräten finden wir eine große Auswahl an verschiedenen köstlichen und gesunden Kräutern.

Pumpernickeltaler mit zwei Frischkäse-Dips

1. Für den Kräuterdip den Frischkäse mit Joghurt und Kräutern verrühren und mit Salz und Zucker abschmecken.

2. Für den fruchtigen Dip die Aprikosen nach Belieben häuten: kurz in kochendes Wasser tauchen und die Haut abziehen. Die Früchte vierteln, den Stein entfernen und das Fruchtfleisch sehr fein würfeln. Mit Frischkäse, Joghurt und Honig verrühren. Die Pumpernickeltaler mit den Dips anrichten.

ZUTATEN

FÜR DEN KRÄUTER-DIP

100 g körniger Frischkäse
1 EL Joghurt
1 EL gemischte, gehackte Kräuter
Kräutersalz
1 Prise Zucker

FÜR DEN APRIKOSEN-DIP

100 g reife Aprikosen
100 g körniger Frischkäse
1 EL Joghurt
1 TL Honig

AUSSERDEM

8 Pumpernickeltaler

2 Portionen
\+ Blitzgericht
\+ fettarm
ca. 295 kcal/Portion
15 Min. Zubereitungszeit

+++ TIPP +++ TIPP +++

Wenn es einmal sehr schnell gehen muss, nehmen Sie statt der frischen Aprikosen Fruchtmus aus dem Babygläschen.

ZUTATEN

1 Scheibe Vollkornbrot vom Vortag
1 TL gehackte Mandeln
1 TL Butter
10 g bittere Schokolade
200 g Quark (20 % Fett)
1/4 l fettarme Milch
1 EL Honig
4 EL Instant-Haferflocken
4 EL Ananassaft
125 g Erdbeeren

2 Portionen
+ Blitzgericht
+ Das schmeckt auch Kindergartenkindern
ca. 165 kcal/Portion
15 Min. Zubereitungszeit

Erdbeer-Ananas-Quarkcreme mit Bröseln

1. Für die Brösel die Brotscheibe fein zerkrümeln und in einer fettfreien Pfanne leicht rösten. Mit den Mandeln und der Butter mischen. Sobald die Butter geschmolzen ist, die Brösel aus der Pfanne nehmen und auf einem Teller auskühlen lassen. Schokolade fein raspeln und mit den vollständig erkalteten Bröseln mischen.
2. Für die Creme den Quark mit Milch, Honig, Haferflocken und Ananassaft glatt rühren. Die Erdbeeren waschen, putzen, gut abtropfen lassen und fein würfeln. Zur Creme geben und in zwei Schälchen oder hohe Dessertgläser füllen. Die Brösel darauf verteilen.

ZUTATEN

30 g Mehl
1 Ei, 1 TL Zucker
1/8 l Milch
1 kleiner Apfel
Butterschmalz zum Braten
etwas Puderzucker

1 Portion
+ Das schmeckt auch Kindergartenkindern
ca. 425 kcal
10 Min. Zubereitungszeit
15 Min. Ruhezeit

Apfelpfannkuchen

1. Das Mehl mit dem Ei glatt rühren. Zucker und Milch dazugeben. Den Teig 15 Minuten ausquellen lassen. Den Apfel schälen. Das Kerngehäuse mit einem Ausstecher entfernen. Den Apfel in Scheiben schneiden.
2. Etwas Butterschmalz in einer weiten beschichteten Pfanne schmelzen. Den Teig in die Pfanne gießen. Sobald der Teig etwas angezogen hat, die Apfelringe darauf verteilen.
3. Sobald die Unterseite goldgelb ist, den Pfannkuchen umdrehen. Die andere Seite ebenfalls goldgelb backen. Mit Puderzucker bestauben.

VARIANTE

Statt Ananassaft schmeckt auch der frisch gepresste Saft von einer Orange in der Creme. Außerhalb der Erdbeerzeit bereiten Sie die Creme mit beliebigen anderen Früchten zu: Kirschen, Äpfeln, Birnen, Stachelbeeren oder anderen Beeren.

Saftiges Pausenbrot mit gekochtem Schinken

1. Die Scheibe Brot mit Butter bestreichen. Salatblatt darauf legen und mit etwas Cocktailsauce oder Mayonnaise bestreichen. Mit den Gurkenscheiben belegen, mit den Kräutern bestreuen und den Schinken darauf legen.
2. Die Scheibe einmal durchschneiden und zusammenklappen. Ananas in mundgerechte Stücke schneiden, Weintrauben waschen und das Obst in einem Extra-Döschen mitgeben.

ZUTATEN

1 Scheibe Vollkornbrot
1/2 TL Butter
1 Blatt Eisbergsalat
1/2 TL Cocktailsauce oder fettarme Mayonnaise
4 Scheiben Salatgurke
Etwas gehackter Dill
1 Scheibe gek. Schinken
2 Scheiben frische Ananas oder 100 g Weintrauben
1/2 Zitrone

1 Portion
\+ Blitzgericht
\+ fettarm
ca. 190 kcal
10 Min. Zubereitungszeit

Kürbiskernbrötchen mit Käse

1. Das Brötchen einmal durchschneiden und beide Hälften mit Butter bestreichen. Auf die Unterseite das Salatblatt legen, mit wenig Senf bestreichen und mit Gewürzgurke belegen.
2. Den Käse in Scheiben darauf legen und mit dem Brötchendeckel abdecken. In Folie wickeln. Den Apfel waschen, trockenreiben und in Spalten schneiden. Mit Zitronensaft beträufeln. Getrennt zum Brot in einer Dose mitgeben.

ZUTATEN

1 Kürbiskernbrötchen
1 TL Butter
1 Blatt Eisbergsalat
1/2 TL milder Senf
4 Scheiben Gewürzgurke
25 g vom Lieblingskäse
1 Apfel

1 Portion
\+ Blitzgericht
\+ fettarm
ca. 326 kcal
10 Min. Zubereitungszeit

VARIANTE

Bringen Sie Abwechslung in die Vitaminbeilage: Statt eines Apfels essen die Kinder auch gern einige geputzte Radieschen, eine geschälte Möhre, Gurkenscheiben, Paprikastreifen oder Kohrabistifte.

ZUTATEN

FÜR DIE FRIKADELLE

75 g Tatar
1 EL Magerquark
Salz
Pfeffer aus der Mühle
1 EL gehackte Petersilie
1 TL Öl zum Braten

AUSSERDEM

1 weiches Sesambrötchen
1 TL fettarme Mayonnaise
1 Blatt Eisberg- oder Romanasalat
1 TL Ketchup
1 große, dünne Tomatenscheibe
3 Scheiben Gewürzgurke
1/2 TL Senf

1 Portion
\+ gut vorzubereiten
\+ fettarm
ca. 310 kcal
25 Min. Zubereitungszeit

Hackfleischbrötchen für die große Pause

1. Die Frikadelle können Sie schon am Vortag braten. Dafür das Tatar mit dem Quark glatt rühren und mit Salz, Pfeffer und Petersilie würzen. Daraus eine knapp handtellergroße, flache Frikadelle formen. In einer kleinen beschichteten Pfanne etwas Öl erhitzen und die Frikadelle in dem heißen Öl auf beiden Seiten insgesamt 7 bis 8 Minuten sanft braten und abkühlen lassen.

2. Das Brötchen durchschneiden und die Unterseite mit etwas Mayonnaise bestreichen. Das Salatblatt darauf legen und mit etwas Ketchup bestreichen. Tomatenscheibe und Gewürzgurke und als Abschluss die Frikadelle darauf geben. Diese mit etwas Senf bestreichen und mit dem Brötchendeckel abdecken. Das Pausenbrot in Folie einwickeln und mit einem Stück Obst oder Gemüse in eine Frühstücksbox legen.

VARIANTE

Kinder mögen gern Fleisch und werden sich über die Abwechslung beim Pausenbrot freuen. Statt Tatar können Sie auch 100 Gramm Hähnchenbrustfilet oder Putenschnitzelfleisch im Blitzhacker zerkleinern, würzen und braten.

Schinken-Käse-Sandwich für die Schule

1. Die beiden Brotscheiben mit der Butter bestreichen und auf das Vollkornbrot die Käsescheibe und die Schinkenscheiben legen.
2. Das Stück Paprikaschote mit einem Sparschäler schälen, Kerne entfernen und das Fruchtfleisch in hauchdünne Streifen schneiden. Paprikastreifen auf den Schinken legen und mit dem Toastbrot abdecken. Das Sandwich diagonal einmal durchschneiden.

ZUTATEN

1 Scheibe Dreikorntoast
1 Scheibe Vollkornbrot
1 TL Butter
1 Scheibe Emmentaler
2 Scheiben Lachsschinken
1/4 rote Paprikaschote

1 Portion
\+ Blitzgericht
\+ fettarm
ca. 310 kcal
10 Min. Zubereitungszeit

Pausenbrot mit Ei und Tomate

1. Die Brotscheibe mit der Mayonnaise bestreichen. Das Ei schälen und mit einem Eischneider in Scheiben schneiden.
2. Zuerst die Tomatenscheiben, dann die Eischeiben aufs Brot legen und alles mit der Kresse bestreuen. Das Brot einmal diagonal durchschneiden und zusammenklappen.

ZUTATEN

1 Scheibe Vierkornbrot
1 TL fettarme Mayonnaise
1 hart gekochtes Ei
4 Tomatenscheiben
1 EL Kresse

1 Portion
\+ Blitzgericht
\+ fettarm
ca. 230 kcal
10 Min. Zubereitungszeit

PAPRIKASCHOTEN

Paprikaschoten aus konventionellem Anbau gelten als besonders belastet. Deshalb empfiehlt es sich, die Früchte gründlich unter warmem Wasser zu waschen und gut abzutrocknen oder sie zu schälen. Weniger bis kaum belastet sind Paprikaschoten aus Bioanbau.

CLEVER

Rote Paprikaschoten sind besonders mild im Geschmack und enthalten am meisten Vitamine. Mit einem scharfen Sparschäler lässt sich die dünne, unverdauliche Haut leicht abschälen. Ein normaler Kindermagen kommt aber auch mit einem kleinen Stückchen ungeschälter Paprika zurecht.

ZUTATEN

je 100 g Himbeeren, Erdbeeren, rote Johannisbeeren, Heidelbeeren, Brombeeren
1 TL Zitronensaft
1 TL Zucker
Mineralwasser

2 Portionen
\+ Blitzgericht
\+ Das schmeckt auch Kindergartenkindern
ca. 110 kcal/Portion
15 Min. Zubereitungszeit

ZUTATEN

Je 350 g Äpfel und Möhren
1 Orange
1 TL Mandelmus

2 Portionen
\+ Blitzgericht
\+ Das schmeckt auch Kindergartenkindern
ca. 185 kcal/Portion
15 Min. Zubereitungszeit

CLEVER

Das Mandelmus verleiht dem Saft nicht nur eine gesunde, sondern auch eine geschmacksintensive Note. Nüsse und Mandeln enthalten unter anderem Pantothensäure, die Erschöpfungszustände, Stress und Depressionen vertreiben kann.

MENGENWEISE NÄHRSTOFFE

Im Apfel-Möhren-Saft stecken die besten Kräfte der Natur: 412 mg Kalium, 77 mg Kalzium, 46 mg Magnesium, 2,3 mg Eisen, 39 µg Folsäure, 87 mg Vitamin C und 2,3 mg Vitamin E (pro Portion).

Beerenstarker Saft (Zutaten siehe links oben)

Alle Beeren in einem supergesunden Saft – macht gesund und schlau.
Alle Beeren verlesen, bei Bedarf abbrausen und gut abtropfen lassen. Erdbeeren und Johannisbeeren putzen. Früchte mit Zitronensaft und Zucker mischen und im Mixer zerkleinern. Durch ein Sieb streichen und auf zwei Gläser verteilen. Den Saft mit etwas Mineralwasser auffüllen.

Möhren-Apfel-Saft (Zutaten siehe links unten)

Äpfel und Möhren gründlich unter warmem Wasser waschen und trockenreiben. Die Orange schälen, dabei auch die weiße Haut entfernen. Obst und Möhren grob würfeln und im Entsafter entsaften. Mit Mandelmus verrühren und in Gläser füllen.

Melone-Erdbeer-Drink (Zutaten siehe rechts)

Die Melone halbieren, entkernen und schälen. Die Erdbeeren waschen, gut abtropfen lassen und putzen. Melone und Erdbeeren grob würfeln. Mit dem Zitronensaft im Mixer einmal durchmixen und auf zwei Gläser verteilen. Mit etwas Mineralwasser auffüllen.

Traubensaft (Zutaten siehe unten)

Alle Weintrauben waschen und abtropfen lassen. Die Trauben von den Stielen zupfen und im Entsafter entsaften. Den Traubensaft mit Zitronensaft mischen und in Gläser füllen, etwas Mineralwasser hinzufügen.

ZUTATEN

500 g Honigmelone
250 g Erdbeeren
1 TL Zitronensaft
Mineralwasser zum Auffüllen

2 Portionen
+ Blitzgericht
+ Das schmeckt auch Kindergartenkindern
ca. 110 kcal/Portion
15 Min. Zubereitungszeit

ZUTATEN

400 g weiße Weintrauben
400 g blaue Weintrauben
1 EL Zitronensaft
Mineralwasser zum Auffüllen

2 Portionen
+ Blitzgericht
+ Das schmeckt auch Kindergartenkindern
ca. 290 kcal/Portion
15 Min. Zubereitungszeit

CLEVER

Alle frisch hergestellten Säfte sofort servieren, sonst verlieren sie viel von ihren gesunden Inhaltsstoffen. Die frischen Säfte vor oder nach dem Esen schluckweise genießen und das Glas nicht auf einmal austrinken.

MENGENWEISE NÄHRSTOFFE

Dieser Saft ist besonders nährstoffreich und enthält unter anderem: 1107 mg Kalium, 94 mg Kalzium, 62 mg Magnesium, 4,3 mg Eisen, 0,8 mg Vitamin B6, 132 μg Folsäure, 195 mg Vitamin C.

Roter Gemüsesaft

Ob in Gehirn, Haut, Augen, Knochen – alle Körperzellen erhalten einen Frischekick durch diesen Saft. Prallreife rote Tomaten und Paprikaschoten enthalten reichlich Antioxidantien, die die Körperzellen gegen freie Radikale und damit gegen Krebs schützen können.

1. Obst und Gemüse bis auf die Zwiebel gründlich unter warmem Wasser waschen und trockenreiben. Den Stielansatz der Tomaten wegschneiden.
2. Die Paprikaschote entkernen. Die Zwiebel abziehen. Alles grob würfeln und im Entsafter entsaften. In zwei Gläser gießen und sofort servieren.

ZUTATEN

1 rotschaliger Apfel
300 g Tomaten
250 g Möhren
1 rote Paprikaschote
1 rote Zwiebel

2 Portionen
+ Blitzgericht
ca. 135 kcal/Portion
15 Min. Zubereitungszeit

Grüner Gemüsesaft

1. Die Gurke schälen. Apfel, Paprikaschoten und Sellerie gründlich unter warmem Wasser waschen und trockenreiben. Alle Zutaten grob würfeln.
2. Die Spinatblätter verlesen, putzen und waschen. Obst und Gemüse im Entsafter entsaften. Den Saft auf zwei Gläser verteilen.

ZUTATEN

1 Salatgurke
1 Apfel
2 grüne Paprikaschoten
4 Stängel Staudensellerie
200 g Spinatblätter

2 Portionen
+ Blitzgericht
ca. 130 kcal/Portion
15 Min. Zubereitungszeit

Erfrischender Joghurtdrink

1. Joghurt mit Honig oder Apfeldicksaft und so viel Wasser verquirlen, dass er trinkbar, aber nicht zu dünn wird.
2. Dieser schnelle Joghurtdrink schmeckt pur, kann aber nach Geschmack auch mit beliebigem Fruchtpüree angereichert werden. Fruchtpüree stellen Sie einfach mit dem Mixstab aus frischen oder tiefgefrorenen Früchten her.

ZUTATEN

125 g Joghurt
1 EL Honig oder Apfeldicksaft
etwas stilles Mineralwasser
evtl. 2 EL Fruchtpüree (z.B. von Erdbeeren oder Himbeeren)

1 Portion
+ Blitzgericht
+ Das schmeckt auch Kindergartenkindern
ca. 154 kcal
10 Min. Zubereitungszeit

Kefir-Erdbeer-Shake

ZUTATEN

250 g Erdbeeren
1 TL Zitronensaft
250 g Kefir

2 Portionen
+ Blitzgericht
+ Das schmeckt auch Kindergartenkindern
ca. 105 kcal/Portion
10 Min. Zubereitungszeit

Die Erdbeeren waschen und gut abtropfen lassen, dann putzen und grob würfeln. Mit Zitronensaft und Kefir mit dem elektrischen Mixstab aufschlagen und sofort in zwei Gläsern anrichten.

Waldmeister-Apfel-Drink

ZUTATEN

400 ml fettarme Milch
100 ml Apfelsaft
3 EL Waldmeistersirup
2 EL Apfeldicksaft

2 Portionen
+ Blitzgericht
ca. 185 kcal/Portion
10 Min. Zubereitungszeit

1. Milch mit Apfelsaft, Waldmeistersirup und Dicksaft in einen hohen Mixbecher füllen.
2. Alle Zutaten mit dem elektrischen Mixstab aufschlagen, in zwei Gläser füllen und sofort servieren.

Heiße Mandelmilch

1. Die Mandeln in einem kleinen Topf bei milder Hitze rösten, bis sie duften. Die Milch einrühren und einmal aufkochen lassen.
2. Die Mandelmilch mit Ahornsirup oder Honig süßen und die Haferflocken darin auflösen. Die Milch durch ein feines Sieb in ein Glas streichen.
3. Die Schokolade über die Mandelmilch raspeln. Diese Mandelmilch schmeckt auch kalt sehr gut.

ZUTATEN

2 EL gemahlene Mandeln
175 ml Milch
1 EL Ahornsirup oder Honig
1 EL Instant-Haferflocken
1 kleines Stück Schokolade

1 Portion
+ Blitzgericht
+ Das schmeckt auch Kindergartenkindern
ca. 273 kcal
10 Min. Zubereitungszeit

SANDDORN

Sanddorn ist besonders reich an Vitamin C. Sanddornzubereitungen, gesüßt und ungesüßt, finden Sie in Reformhäusern, Bioläden und Supermärkten.

DICKSAFT

Apfel- und Birnendicksäfte finden Sie in Reformhäusern und Bioläden. Es handelt sich um eingedickte Säfte von reifen Früchten ohne Zuckerzusatz, die sich vorzüglich zum Süßen eignen.

Bananen-Pfirsich-Milchshake

ZUTATEN

1 reife Banane
1 TL Zitronensaft
200 ml Pfirsichnektar
200 ml fettarme Milch
1 TL Mandelmus
Mineralwasser zum Auffüllen

2 Portionen
+ Blitzgericht
+ Das schmeckt auch Kindergartenkindern
ca. 180 kcal/Portion
10 Min. Zubereitungszeit

Die Banane schälen und mit einer Gabel zerdrücken. Mit Zitronensaft, Pfirsichnektar, Milch und Mandelmus mit dem elektrischen Mixstab aufschlagen. Den Milchshake in zwei Gläser gießen und mit etwas Mineralwasser auffüllen. Sofort servieren.

Buttermilch-Sanddorn-Shake

ZUTATEN

1/8 l frisch gepresster Orangensaft
1/4 l Buttermilch
4 EL gesüßter Sanddornsaft

2 Portionen
+ Blitzgericht
ca. 100 kcal/Portion
10 Min. Zubereitungszeit

1. Den frisch gepressten Orangensaft mit der Buttermilch und dem Sanddornsaft in einen hohen Mixbecher füllen.
2. Alle drei Zutaten mit dem elektrischen Mixstab aufschlagen und in zwei Gläser füllen.

ZUTATEN

200 g TK-Erbsen
Salz
200 g magerer gekochter Schinken in dicken Scheiben
150 g Kirschtomaten
50 g weiche Butter
50 g Parmesan
200 g Spaghetti
100 g Sahne
1/8 l fettarme Milch
2 Eier
Pfeffer aus der Mühle
1 Prise Muskatnuss
3 Stiele Petersilie oder Basilikum

4 Portionen
+ Das schmeckt auch Kindergartenkindern
+ gut vorzubereiten
+ Party-Gericht
ca. 595 kcal/Portion
90 Min. Zubereitungszeit

Mittags um 12: Kraft tanken für die zweite Tageshälfte

Spaghettiauflauf

1. Die Erbsen in wenig Salzwasser 5 Minuten garen und abgießen. Schinken ohne Fettrand fein würfeln. Die Tomaten waschen, halbieren und den Stielansatz wegschneiden. Eine weite Auflaufform mit etwas weicher Butter einfetten. Den Käse reiben.

2. Den Backofen auf 200 °C (Umluft 180 °C, Gas Stufe 3) vorheizen. Die Spaghetti in reichlich Salzwasser bissfest garen und abgießen. Sofort mit Erbsen und Schinkenwürfeln mischen und die Hälfte davon in die Form geben. Mit etwas Käse bestreuen. Die restlichen Nudeln einfüllen und die Tomaten mit den Schnittflächen nach unten zwischen die Spaghetti drücken. Mit dem restlichen Käse bestreuen.

3. Die Sahne mit Milch und Eiern verquirlen und mit Salz, Pfeffer und etwas frisch geriebener Muskatnuss würzen. Langsam über die Spaghetti gießen und die restliche Butter in Flöckchen darauf setzen. Im heißen Backofen auf der mittleren Schiene 50 bis 60 Minuten goldgelb überbacken. Vor dem Anrichten mit gehackter Petersilie oder klein gezupftem Basilikum bestreuen.

VARIANTEN

Lassen Sie die Tomaten weg und reichen Sie zu diesem Spaghettiauflauf einen Tomatensalat.
Wenn die Zeit zum Backen des Auflaufs fehlt, dann erhitzen Sie die heißen Spaghetti zusammen mit den gekochten Erbsen, Schinkenwürfeln und der Sahne, fügen Tomaten oder gedünstete Champignonscheiben hinzu und streuen den Käse darüber. Nach Belieben können Sie unter die heiße Spaghettimischung zusätzlich ein verquirltes Ei rühren.

KIND KOCHT MIT

Bei diesem Gericht gibt es für Kinder aller Altersstufen viel zu tun: Schon kleine Kinder formen gern die Hackbällchen, sie können auch schon Röschen vom Brokkoli abschneiden, Gemüse in die Form schichten und die Sauce darüber gießen.

Kartoffelauflauf mit Brokkoli und Hackbällchen

1. Für die Hackbällchen das Tatar mit dem Eigelb mischen und mit Salz, Pfeffer und Petersilie würzen. Aus dieser Masse viele kleine Bällchen formen und kühl stellen.

2. Für den Auflauf eine weite Form mit Butter einfetten. Den Brokkoli putzen und in Röschen teilen. Die Brokkoliröschen in reichlich Salzwasser 4 Minuten garen, abgießen und abtropfen lassen.

3. Die Kartoffeln waschen und in wenig Wasser 15 Minuten kochen, abgießen und schälen. Die Kartoffeln leicht abkühlen lassen, dann in dünne Scheiben schneiden.

4. Kartoffelscheiben und Brokkoliröschen abwechselnd in die Form schichten. Die Hackbällchen darauf setzen. Für die Sauce die Butter erhitzen und das Mehl einrühren. Das Mehl kurz rösten, dann mit der heißen Milch nach und nach ablöschen und unter Rühren cremig einkochen. Mit Salz, Pfeffer und Muskatnuss abschmecken.

5. Den Backofen auf 200 °C (Umluft 180 °C, Gas Stufe 3) vorheizen. Die Sauce über den Auflauf gießen. Den Käse reiben und über den Auflauf streuen. Im Ofen auf der mittleren Schiene 30 bis 35 Minuten backen. Dazu schmeckt ein Salat aus verschiedenen Blattsalaten.

ZUTATEN

FÜR DIE HACKBÄLLCHEN

250 g Tatar
1 Eigelb
Salz
Pfeffer aus der Mühle
1 EL gehackte Petersilie

FÜR DEN AUFLAUF

Butter für die Form
500 g Brokkoli
750 g fest kochende Kartoffeln
2 EL Butter
1 EL Mehl
300–400 ml heiße Milch
Salz, Pfeffer, Muskatnuss
50 g mittelalter Gouda

4 Portionen
+ Kind kann beim Zubereiten helfen
+ gut vorzubereiten
ca. 415 kcal/Portion
80 Min. Zubereitungszeit

VARIANTE

Der Brokkoli kann durch Möhren, grüne Bohnen, Blumenkohl, Rosenkohl oder Kohlrabi ersetzt werden.

ZUTATEN

500 g Spiralnudeln
Salz
1/2 l Tomatensaft

FÜR DIE SAUCE
2 Zwiebeln
1 Knoblauchzehe
2 EL Olivenöl
2 Dosen Pizzatomaten
Salz
Pfeffer aus der Mühle
1 Prise Zucker
1 TL Oregano, getrocknet
100 g Parmesan

4 Portionen
+ Kind kann beim Zubereiten helfen
+ Party-Gericht
ca. 635 kcal/Portion
1 Std. Zubereitungszeit

Rote Spiralnudeln mit Tomatensauce

1. Die Nudeln in reichlich Salzwasser knapp bissfest garen, abgießen und sofort mit dem Tomatensaft mischen. Neben dem Herd im geschlossenen Topf durchziehen lassen.
2. Für die Sauce Zwiebeln und Knoblauch abziehen und fein würfeln. Im heißen Öl weich, aber nicht braun schmoren. Die Tomaten zu den Zwiebeln geben und einige Minuten sanft köcheln lassen. Mit Salz, Pfeffer, Zucker und Oregano würzen. Den Käse reiben.
3. Die Nudeln noch einmal erhitzen und in eine vorgewärmte Schüssel geben. Die Tomatensauce darüber gießen und den Käse getrennt dazu reichen.

KIND HILFT MIT

Kindern macht es großen Spaß, selber die Nudeln mit dem Tomatensaft zu mischen und zu beobachten, wie sich die Nudeln rot färben. Größere Kinder können schon lernen, wie man ganz alleine – beim ersten Mal mit Anleitung – eine Tomatensauce zubereitet.

VARIANTE

Noch gehaltvoller wird das Gericht mit Fleisch oder Fisch: Mischen Sie unter die Nudeln kleine gebratene Hackfleischbällchen, Schinkenwürfel oder im Dampf gegarten Fisch wie Heilbutt, Schellfisch, Rotbarsch oder Seelachs.

CLEVER

Dazu schmeckt ein Salat aus geschälten und in dünne Streifen geschnittenen bunten Paprikaschoten. Sie können die Paprikastreifen auch in wenig Wasser einige Minuten garen und dann noch warm mit einer Vinaigrette mischen.

ZUTATEN

200 g Möhren
1 kleiner Kohlrabi
200 g grüne Bohnen
200 g Blumenkohl
125 g Hirse
1 l Gemüsebrühe
125 g TK-Erbsen
200 g Sahne
Salz
Pfeffer aus der Mühle
Muskatnuss
4 EL gehackte Petersilie

3 Portionen
+ Das schmeckt auch Kindergartenkindern
ca. 360 kcal/Portion
1 Std. Zubereitungszeit

MENGENWEISE NÄHRSTOFFE

Die Hirsesuppe mit Gemüse ist besonders nährstoffreich und enthält unter anderem: 33 g Kohlenhydrate, 10 g Eiweiß, 21 g Fett, 11,6 g Ballaststoffe, 161 mg Kalzium, 115 mg Magnesium, 5,8 g Eisen, 0,65 mg Vitamin B6, 79 mg Vitamin C, 90 µg Folsäure, 0,3 mg Vitamin B1 (pro Portion).

Hirsesuppe mit Gemüse

Für alle, die noch wachsen müssen: Hirse mit Gemüse und Sahne bietet die ideale Nährstoffkombination.

1. Möhren und Kohlrabi schälen, Bohnen putzen, Blumenkohl in Röschen teilen. Gemüse waschen. Möhren, Kohlrabi und Bohnen fein würfeln.

2. Die Hirse unter heißem Wasser abbrausen. Die Brühe zum Kochen bringen und die Hirse darin bei milder Hitze 10 Minuten garen. Alle Gemüsesorten einschließlich der Erbsen hinzufügen und weitere 10 bis 15 Minuten garen.

3. Die Sahne einrühren und die Suppe mit Salz, Pfeffer und etwas Muskatnuss abschmecken. Vor dem Anrichten mit etwas Petersilie bestreuen.

Linsensuppe mit Frankfurter Würstchen

1. Die Linsen unter fließendem Wasser abspülen und mindestens 2 Stunden in kaltem Wasser einweichen (kann auch entfallen, dann erhöht sich die Garzeit). Das Einweichwasser abgießen und die Linsen mit dem Lorbeerblatt in 1 Liter Brühe weich kochen. Qualität und Alter bestimmen die Garzeit der Linsen, die zwischen 20 und 45 Minuten betragen kann.

2. Kartoffeln und Möhren schälen und fein würfeln. Den dunkelgrünen Teil des Lauchs wegschneiden. Die Stangen längs aufschneiden, gründlich waschen und in dünne Scheiben schneiden. Von den Selleriestangen die harten Fäden abziehen und die Stangen ebenfalls in dünne Scheiben schneiden.

3. Zunächst die Kartoffel- und Möhrenwürfel in der restlichen Brühe 8 Minuten garen. Lauch und Sellerie hinzufügen und weitere 5 bis 8 Minuten kochen. Das Gemüse mit der Brühe zu den Linsen geben und mit Salz, Pfeffer und Curry abschmecken.

4. Die Würstchen in sehr dünne Scheiben schneiden und kurz in der Suppe erhitzen. Den Schnittlauch über die Suppe streuen und die saure Sahne getrennt dazu reichen.

ZUTATEN

250 g kleine Linsen
1 großes Lorbeerblatt
1,2 l Fleisch- oder Gemüsebrühe
350 g fest kochende Kartoffeln
2 Möhren
2 Stangen Lauch
2 Stangen Sellerie
Salz, Pfeffer aus der Mühle
etwas Currypulver
3 P. Frankfurter Würstchen
200 g saure Sahne
4 EL Schnittlauchröllchen

4 Portionen
+ Party-Rezept
+ Kind kann beim Zubereiten helfen
ca. 600 kcal/Portion
45 Min. Zubereitungszeit
2 Std. Einweichzeit

KIND KOCHT MIT

Hier gibt es für Kinder viel zu tun: Linsen in ein Sieb füllen und waschen, Gemüse putzen und zerkleinern, Schnittlauch und Würstchen schneiden.

LINSEN

Linsen enthalten sehr wenig Fett, viele Kohlenhydrate und Eiweiß. Wertvoll sind auch der hohe Eisengehalt, der Gehalt an Kalium, Magnesium, Kalzium, Kupfer und Phosphor. Linsengerichte stets mit Getreideprodukten wie Brot, Reis, Nudeln, Spätzle, Kartoffeln anrichten, weil das Eiweiß erst in der Kombination hochwertig ist.

VARIANTE

Der Sellerie kann auch durch die gleiche Menge Ananas ersetzt werden. Für einen milderen Geschmack tauschen Sie die saure Sahne gegen süße aus.

ZUTATEN

FÜR DIE SUPPE
500 g Hühnerrücken, Hühnerflügel oder Hühnerklein
Salz
1 Döschen Safran
350 g Möhren
200 g TK-Erbsen
1 Dose Maiskörner
125 g Sternchennudeln oder kleine Suppennudeln

AUSSERDEM
1 großes Ei
1 EL Milch
Muskatnuss
Pfeffer aus der Mühle
4 EL Schnittlauchröllchen

4 Portionen
+ Das schmeckt auch Kindergartenkindern
+ fettarm
+ gut vorzubereiten
ca. 450 kcal/Portion
70 Min. Zubereitungszeit

Hühnersuppe mit Eierblumen und Sternchennudeln

1. Hühnerrücken unter fließendem Wasser abspülen, sichtbares Fett wegschneiden. In 1,2 Liter Wasser mit etwas Salz bei milder Hitze 40 Minuten kochen. Die Brühe durch ein Sieb gießen und mit dem Safran auf gut 1 Liter einkochen. Das Fleisch von den Knochen lösen.
2. Die Möhren mit dem Sparschäler schälen und würfeln. In der Brühe 10 Minuten garen. Erbsen und abgegossenen Mais hinzufügen, weitere 5 Minuten kochen lassen. Die Nudeln in reichlich Salzwasser bissfest garen.
3. Das Ei mit der Milch verquirlen und mit etwas Salz und Muskatnuss würzen. Die Eiermilch durch ein engmaschiges Sieb in die kochende Brühe gießen. Die Nudeln abgießen und in die Suppe einrühren. Zum Schluss das Fleisch zur Suppe geben, die Suppe noch einmal mit Pfeffer abschmecken und mit Schnittlauch bestreuen.

CLEVER

Die Brühe schmeckt intensiver, wenn sie bis zu zwei Stunden kocht. In diesem Fall kann das am Knochen haftende Fleisch nicht mehr verwendet werden, es ist ausgekocht. Garen Sie deshalb 200 Gramm gewürfelte Hähnchenbrust einige Minuten in der fertigen Suppe. Sie schmeckt aber auch ohne Fleischeinlage.

+++ TIPP +++ TIPP +++

Eierblumen weglassen

Manche Kinder mögen die »Fäden« nicht, die durch das eingerührte Ei entstehen. In diesem Fall lassen Sie die Eierblumen einfach weg – die Suppe ist auch ohne Ei nahrhaft und gesund.

ZUTATEN

FÜR DAS GEMÜSE
1 kg Brokkoli und Blumenkohl gemischt (oder nur eine Sorte)
Salz
2 Sesambrötchen vom Vortag
2 EL Öl
2 EL Butter

FÜR DIE KARTOFFELN
750 g fest kochende Kartoffeln
Salz
Olivenöl zum Braten
4 EL Schnittlauchröllchen

FÜR DIE SCHNITZEL
400 g Hähnchenbrustfilet
Currypulver, Salz, Pfeffer
Mehl
2 Eier
2 Brötchen vom Vortag
2 EL Mandelblättchen
Butterschmalz zum Braten

4 Portionen
\+ gut vorzubereiten
ca. 615 kcal/Portion
1 Std. Zubereitungszeit

Brokkoli-Blumenkohl-Gemüse mit Hähnchenschnitzeln und Kartoffelspalten

1. Für das Gemüse die beiden Kohlsorten in kleine Röschen teilen und in ganz wenig Salzwasser etwa 10 bis 15 Minuten bissfest garen. Abgießen und abtropfen lassen. Die Sesambrötchen fein reiben. Öl mit Butter in einer Pfanne erhitzen. Die Brösel darin goldbraun braten und über das Gemüse streuen.
2. Die Kartoffeln in wenig Wasser etwa 25 Minuten kochen, abgießen und schälen. Die Kartoffeln längs vierteln. Etwas Öl in einer beschichteten Pfanne erhitzen und die Spalten darin rundherum goldbraun braten. Mit Salz und Schnittlauch bestreuen.
3. Für die Schnitzel das Fleisch abbrausen und trockentupfen. Das Filet längs durchschneiden und quer in kleine Schnitzel schneiden. Von beiden Seiten mit Salz, Pfeffer und etwas Curry würzen und in Mehl wenden.
4. Die Eier in einem tiefen Teller mit etwas Salz verschlagen. Die Brötchen in einen tiefen Teller reiben und mit den Mandeln mischen. Die Schnitzel zuerst durchs Ei ziehen und dann vorsichtig in die Brösel drücken. Den Vorgang nach Belieben noch einmal wiederholen. In reichlich Butterschmalz auf beiden Seiten einige Minuten braten und auf Küchenpapier entfetten.

CLEVER

Wenn Sie Fett sparen möchten, garen Sie das Fleisch in einer leichten Brühe oder in Salzwasser bei mittlerer Temperatur 8 bis 10 Minuten. Dann würzen Sie es und schneiden es in Scheiben. Statt der gerösteten Kartoffeln gibt es frische Pellkartoffeln, die mit wenig Butter und Salz verfeinert werden.

VARIANTE

Brokkoli und Blumenkohl können durch jedes andere Gemüse ersetzt werden, das Ihre Kinder gern essen. Besonders beliebt sind Möhren und Erbsen. Manche Kinder mögen aber auch Zucchini, Spargel, Pastinaken, Wirsing und Kohlrabi.

Zuckerschoten mit Schollenfilets

1. Für das Gemüse Zuckerschoten und Frühlingszwiebeln putzen und waschen. Frühlingszwiebeln in breite Stücke schneiden. Beide Gemüse in der heißen Butter andünsten. Brühe zugießen und das Gemüse in etwa 10 Minuten bissfest garen. Mit Salz und Pfeffer würzen. Dill und Petersilie unter das Gemüse mischen.

2. Für die Schollenfilets den Fisch unter fließendem Wasser abspülen und sorgfältig trockentupfen. Auf beiden Seiten mit Salz und Pfeffer würzen und mit Mehl bestäuben.

3. Die Eier in einem tiefen Teller verschlagen. Die Brötchen in einen anderen Teller reiben. Die Filets durchs Ei ziehen und in die Brösel drücken, den Vorgang nach Belieben noch einmal wiederholen.

4. In zwei beschichteten Pfannen jeweils eine Mischung aus Butter und Öl erhitzen und die Filets darin auf beiden Seiten goldgelb braten. Die Orangenscheiben halbieren oder vierteln. Die Schollenfilets auf Küchenpapier entfetten und mit den Orangenstücken garnieren. Dazu schmecken Pellkartoffeln, Kartoffelpüree oder Reis.

ZUTATEN

FÜR DAS GEMÜSE

300 g Zuckerschoten
2 Bund Frühlingszwiebeln
2 EL Butter
1/8 l Gemüsebrühe
Salz
Pfeffer aus der Mühle
2 EL gehackter Dill
2 EL gehackte Petersilie

FÜR DIE SCHOLLENFILETS

500 g Schollenfilets
Salz, Pfeffer
Mehl zum Bestäuben
2 Eier
2 Sesambrötchen vom Vortag
Butter und Olivenöl
4 Orangenscheiben

4 Portionen
+ Das schmeckt auch Kindergartenkindern
+ fettarm
ca. 370 kcal/Portion
1 Std. Zubereitungszeit

VARIANTE

Statt der Schollenfilets können Sie auch jedes andere Fischfilet von Rotbarsch, Seelachs, Kabeljau und Lachs verwenden.

FISCH MIT GURKE

In manchen Gegenden isst man traditionell Gurkengemüse zum Fisch. Dafür 1 Kilogramm Salatgurken schälen, längs halbieren und mit einem Löffel die Kerne auskratzen. Die Hälften in breite Stücke schneiden und in der Brühe 8 bis 10 Minuten garen. Mit Salz, Pfeffer und Zucker würzen. Mit Crème fraîche, Dill und Petersilie verfeinern.

Kürbiscremesuppe mit Hähnchenbrust

1. Die Kürbiskerne in einer Pfanne ohne Fett leicht rösten und auf einem Teller abkühlen lassen. Die Brühe zum Kochen bringen.

2. Den Kürbis vierteln, Kerne und weiche Fasern entfernen, die Viertel schälen. Den Apfel vierteln, schälen und vom Kerngehäuse befreien. Möhre und Kartoffeln schälen. Alles grob würfeln und in der Brühe in 15 bis 20 Minuten weich kochen. Alles mit dem Mixstab pürieren.

3. Die Sahne in die Suppe einrühren. Zucchini waschen, abtrocknen und in kleinste Würfel schneiden. Das Fleisch waschen, trockentupfen und in etwa 1 Zentimeter große Würfel schneiden. Beides zur Suppe geben und noch einmal 3 Minuten leise köcheln lassen.

4. Mit Salz, Pfeffer, Muskatnuss, Currypulver und Zitronensaft abschmecken. Wenn die Suppe zu dickflüssig ist, noch etwas Brühe, frischen Orangensaft oder Wasser einrühren. Die Kürbiskerne getrennt zur Suppe reichen.

ZUTATEN

4 EL Kürbiskerne
3/4 l Hühnerbrühe
etwa 800 g Hokkaidokürbis
1 Apfel, 1 dicke Möhre
100 g Kartoffeln
200 g Sahne
125 g Zucchini
250 g Hähnchenbrustfilet
Salz, Pfeffer aus der Mühle
Muskatnuss, Currypulver
Zitronensaft

4 Portionen
\+ Das schmeckt auch Kindergartenkindern
\+ Party-Rezept
ca. 450 kcal/Portion
1 Std. Zubereitungzeit

CLEVER

Die Schale des Hokkaidokürbisses sitzt sehr fest am Fruchtfleisch. Sie kann auch mitgegessen werden. Dann nur die Kerne entfernen und das Fruchtfleisch mit der Schale garen. Die Suppe pürieren und durch ein Sieb streichen.

VARIANTEN

Die Suppe wird leichter, wenn sie mit Milch anstelle der Sahne zubereitet wird. Für eine vegetarische Suppe verwenden Sie Gemüsebrühe und die doppelte Menge Kartoffeln. Wenn Sie die asiatische Küche mögen, dann würzen Sie die Kürbissuppe zusätzlich mit etwas frischem Ingwer, Chili oder Zitronengras.

ZUTATEN

400 g Farfalle
Salz
200 g Sahne
200 g Milch
200 g Gouda
Pfeffer aus der Mühle
2 bis 3 reife Pfirsiche
2 Stängel Basilikum oder
etwas Kerbel

4 Portionen
+ Blitzgericht
+ Das schmeckt auch Kindergartenkindern
ca. 768 kcal/Portion
25 Min. Zubereitungszeit

Farfalle mit Sahnesauce und Pfirsichen

1. Die Nudeln in reichlich Salzwasser bissfest garen. Für die Sauce Sahne mit Milch zusammen zum Kochen bringen. Den Käse fein reiben und in die heiße, nicht mehr kochende Sahne-Milch-Mischung einrühren, bis der Käse geschmolzen ist. Mit Pfeffer abschmecken.

2. Die Pfirsiche kurz mit kochendem Wasser übergießen und häuten. Die Früchte vierteln, entsteinen und klein schneiden. Mit der Käsesauce mischen.

3. Nudeln abgießen, etwas Kochwasser auffangen. Nudeln mit Sauce und etwas Kochwasser vermengen. Auf tiefe Teller verteilen und mit fein geschnittenem Basilikum oder Kerbel bestreuen.

NUDELN

Vollkornnudeln enthalten mehr Nährstoffe als Nudeln aus hellem Weizenmehl. Allerdings sind sie nicht jedermanns Geschmack. Probieren Sie, wie sie in Ihrer Familie ankommen. Für den Anfang mischen Sie einfach Vollkorn- und Weißmehlnudeln. Achten Sie aber auf die unterschiedlichen Kochzeiten!

Hühnerfrikassee mit Gemüsereis (Foto links)

1. Die Poularde innen und außen abspülen, in einen Topf mit so viel Wasser geben, dass das Huhn bedeckt ist. 30 Minuten bei mittlerer Hitze kochen lassen. Salz hinzufügen und die Poularde weitere 30 Minuten garen.
2. Das Suppengrün putzen, bei Bedarf schälen und grob würfeln. Das Huhn herausnehmen, die Brühe durch ein Sieb gießen und mit dem Suppengrün, etwas Pfeffer und dem Lorbeerblatt auf 3/4 Liter einkochen.
3. Die Butter in einem Topf zerlassen und das Mehl darin kurz rösten. Die heiße Brühe unterrühren und die Sauce 5 bis 8 Minuten kochen lassen.
4. Das Fleisch von den Knochen lösen und in kleine Würfel schneiden. Die Sahne mit dem Eigelb verquirlen und in die Sauce rühren. Das Fleisch hinzufügen und mit Salz, Pfeffer und Zitronensaft abschmecken. Nach Belieben ein paar Kapern dazugeben. Das Frikassee darf nun nicht mehr kochen.
5. Für den Reis die Erbsen in wenig Salzwasser 5 bis 8 Minuten garen. Die Erbsen herausnehmen. Die Möhren schälen und in winzige Würfel schneiden. Im Erbsenkochwasser 5 bis 8 Minuten garen.
6. Die Champignons putzen, bei Bedarf waschen und die Stiele abschneiden. Pilzköpfe fein hacken und in wenig heißer Butter einige Minuten schmoren.
7. Möhren abgießen, das Kochwasser auffangen. Pilze mit Erbsen und Möhren mischen. Den Reis in Salzwasser mit dem Gemüsewasser garen, restliches Wasser abgießen und den Reis mit dem Gemüse mischen.

ZUTATEN

FÜR DAS FRIKASSEE
1 Poularde (ca. 1,2 kg)
1 TL Salz
1 Bund Suppengrün
Pfeffer aus der Mühle
1 Lorbeerblatt
2 EL Butter
2 EL Mehl
100 g Sahne
1 Eigelb
Zitronensaft
Kapern nach Belieben

FÜR DEN REIS
150 g TK-Erbsen
100 g Möhren
125 g Champignons
1 EL Butter
200 g Langkornreis

4 Portionen
+ Das schmeckt auch Kindergartenkindern
+ gut vorzubereiten
ca. 760 kcal/Portion
80 Min. Zubereitungszeit

VARIANTEN

Statt Langkornreis können Sie natürlich auch Vollkornreis verwenden. Er hat aber eine längere Garzeit. Beliebiges Gemüse können Sie auch getrennt dazu reichen. Sehr gut schmeckt auch in Salzwasser oder Gemüsebrühe gekochter Grünkern, das ist unreif geernteter und anschließend gedarrter Dinkel.

VARIANTE

Wenn Ihre Kinder geschmorte Paprikaschoten nicht mögen, geben Sie die Füllung in Zucchinihälften, kleine Hokkaido-Kürbisse oder Kohlrabi.

Gefüllte Paprikaschoten in Tomatensauce

Viel Gemüse, wenig Fett – das Richtige für alle, die Kraft zum Lernen und Toben brauchen. Besonders die reichlich in Tomaten und Paprika enthaltenen Lykopene schützen alle Zellen des Körpers und stärken mit den vielen Biostoffen der anderen Gemüsesorten unser Immunsystem.

Fitmacher-Rezept

1. Für das Gemüse die Paprikaschoten waschen, die Deckel abschneiden, Trennwände und Kerne entfernen. Die grüne Paprikaschote mit einem Sparschäler schälen und in winzige Würfel schneiden.

2. Für die Füllung Zwiebeln und Knoblauch abziehen und fein würfeln. Pilze putzen, bei Bedarf waschen und trockentupfen. Pilze grob hacken. Die Bohnen putzen, waschen und klein schneiden. Den Apfel schälen, vom Kerngehäuse befreien und fein würfeln.

3. Zwiebeln und Knoblauch in etwas heißem Öl weich, aber nicht braun schmoren. Etwa ein Drittel der grünen Paprikawürfel, Pilze, Bohnen, Apfelwürfel, Haferflocken und Brühe zu den Zwiebeln geben und unter Rühren 10 Minuten garen. Die Masse etwas abkühlen lassen. Mit Ei, Salz, Pfeffer und Kräutern mischen.

4. Für die Sauce die Tomaten waschen und die Stielansätze wegschneiden. Die Früchte grob würfeln und in einem Topf zum Kochen bringen. Die Tomaten durch ein Sieb streichen und die Masse mit Tomatenmark, den restlichen Paprikawürfeln und Thymian leicht cremig einkochen. Mit Salz, Pfeffer und Zucker abschmecken.

5. Den Backofen auf 200 °C (Umluft 180 °C, Gas Stufe 3) vorheizen. Eine Auflaufform mit etwas Öl ausstreichen. Die Tomatensauce hineingießen. Die Paprikahälften außen ebenfalls mit Öl bestreichen und in die Form setzen. Die Hälften mit der Gemüsemasse füllen und den Käse darüber reiben, Decke aufsetzen. Im Ofen auf der mittleren Schiene 30 bis 35 Minuten backen.

ZUTATEN

FÜR DAS GEMÜSE

Je 2 kleine rote und 2 kleine gelbe Paprikaschoten
1 grüne Paprikaschote
2 Zwiebeln
1 Knoblauchzehe
125 g braune Champignons
125 g grüne Bohnen
1 kleiner Apfel
4 EL Olivenöl
75 g kernige Haferflocken
1/8 l Gemüsebrühe
1 Ei
Salz, Pfeffer aus der Mühle
4 EL gehackte gemischte Kräuter
50 g mittelalter Gouda oder Emmentaler

FÜR DIE SAUCE

750 g Tomaten
1 EL Tomatenmark
1/2 TL getrockneter Thymian
Salz, Pfeffer, Zucker

4 Portionen
+ fettarm
+ Party-Gericht
ca. 375 kcal/Portion
90 Min. Zubereitungszeit

MENGENWEISE NÄHRSTOFFE

Dieses Gericht enthält besonders viele wertvolle Biostoffe: 1270 mg Kalium, 96 mg Magnesium, 0,4 mg Vitamin B1, 0,5 mg Vitamin B2, 1,1 mg Vitamin B6, 197 µg Folsäure, 275 mg Vitamin C, 8,9 mg Vitamin E (pro Portion).

VARIANTE

Kinder lieben Hackfleisch. Garen Sie die würzigen gefüllten Schoten in einer Sauce aus 2 gehackten Zwiebeln, 400 Gramm Rinderhackfleisch und 250 Gramm Sahne, die Sie pikant abschmecken. Mit einem Teil dieser Sauce werden die gefüllten Paprikaschoten vor dem Überbacken übergossen.

ZUTATEN

FÜR DEN AUFLAUF

50 g Butter
100 g Zucker
4 Eier
1 Prise Salz
1 Biozitrone
2 Päckchen Vanillepudding-pulver
500 g Magerquark
Butter für die Form
25 g Mandelblättchen
Butterflöckchen zum Bestreuen

FÜR DIE BEEREN

500 g Erdbeeren und/oder Himbeeren
75 g Zucker

4 Portionen
+ Das schmeckt auch Kindergartenkindern
ca. 675 kcal/Portion
100 Min. Zubereitungszeit

Quarkauflauf mit Beeren

1. Für den Auflauf die Butter mit dem Zucker schaumig rühren. Die Eier trennen. Das Eiweiß mit etwas Salz steif schlagen. Die Eigelbe mit der Zuckermasse cremig rühren.

2. Die Zitrone heiß waschen und trockenreiben. Die Schale fein abreiben, die Frucht auspressen. Beides mit dem Puddingpulver und dem Quark zur Eigelbmasse geben und gründlich mischen. Den Eischnee unterheben.

3. Den Backofen auf 200 °C (Umluft 180 °C, Gas Stufe 3) vorheizen. Eine hohe Auflaufform einfetten und die Masse einfüllen. Mit Mandelblättchen und Butterflöckchen bestreuen. Den Auflauf im heißen Ofen auf der zweiten Stufe von unten 50 bis 60 Minuten backen.

4. In der Zwischenzeit die Beeren verlesen. Von den Erdbeeren Stiele und Kelchblättchen entfernen. Beeren waschen. Große Früchte klein schneiden. Beeren mit Zucker mischen und zugedeckt ziehen lassen, bis der Auflauf fertig ist. Den Auflauf leicht abgekühlt zu den Beeren reichen.

VARIANTEN

Zu diesem köstlichen Auflauf schmeckt auch ein Kompott aus Kirschen, Aprikosen oder Äpfeln. Halbierte Aprikosen können zum Beispiel auch vor dem Backen mit der Rundung nach oben in den Quark gedrückt werden. Wenn Ihr Kind Rhabarber mag, dann kochen Sie ein Kompott aus klein geschnittenem Rhabarber, würzen es mit Vanillezucker und geben zum Schluss noch eine Hand voll halbierte Erdbeeren dazu.

ZUTATEN

250 g Roggenschrot (Type 1800)
250 g Weizenmehl (Type 1050)
15 g Sauerteigpulver
1 Päckchen Trockenhefe
1 TL Salz
2 EL Rübensirup
2 EL Apfelessig
370 ml lauwarme Buttermilch
Weizenmehl zum Bearbeiten
1 Eiweiß
getrocknete Kräuter, Nüsse, Samen oder geriebener Käse zum Bestreuen

12 Stück
\+ fettarm
\+ Kind kann beim Zubereiten helfen
\+ gut vorzubereiten
ca. 150 kcal/Stück
95 Min. Zubereitungszeit

Bevor es Nacht wird: Leichtes für schöne Träume

Buttermilchbrötchen

1. Die beiden Mehlsorten in einer großen Schüssel mit Sauerteigpulver, Trockenhefe und Salz mischen. Rübensirup, Apfelessig und Buttermilch verrühren und bis auf einen kleinen Rest über das Mehl gießen. Alle Zutaten zu einem Teig vermengen und etwa 10 Minuten kneten, bis er elastisch ist und leicht glänzt. Ist der Teig zu trocken, noch etwas Flüssigkeit zugeben. Klebt er an den Händen, noch ein wenig Mehl oder Schrot einarbeiten.
2. Die Schüssel mit etwas Mehl ausstreuen. Den Teig zu einer Kugel formen, in die Schüssel setzen und mit Frischhaltefolie abdecken. An einem warmen Ort 45 Minuten gehen lassen. Ein Backblech mit Backpapier auslegen. Den Teig noch einmal kurz durchkneten und 12 gleich große runde Brötchen daraus formen. Aufs Backblech legen und noch einmal 15 Minuten gehen lassen.
3. Den Backofen auf 200 °C (Umluft 180 °C, Gas Stufe 3) vorheizen. Die Brötchen kreuzförmig etwa 1/2 Zentimeter tief einschneiden und mit verquirltem Eiweiß bestreichen. Mit Kräutern, Nüssen, Samen oder Käse bestreuen. Auf der mittleren Schiene 20 bis 25 Minuten backen.

SAUERTEIG

Backschrot und Sauerteigpulver finden Sie in gut sortierten Supermärkten, in Reformhäusern und Bioläden. Backwaren mit Roggenmehl brauchen zum lockeren Aufgehen zusätzlich zur Hefe Sauerteig. Der gefriergetrocknete Sauerteig ist einfach zu handhaben und lange haltbar.

VORBEREITEN

Der Teig kann auch rund zwölf Stunden zugedeckt im Kühlschrank ruhen. Vor dem Backen muss er bei Raumtemperatur zwei bis drei Stunden an einem warmen Ort gehen. Den Teig dann noch einmal kurz durchkneten. Brötchen formen, kurz gehen lassen und backen.

Vitalstoffbrot

1. Die beiden Mehlsorten in einer Schüssel miteinander mischen. Zerbröckelte Hefe mit Zucker und 100 Milliliter lauwarmem Wasser glatt rühren und zugedeckt an einem warmen Ort 15 Minuten ruhen lassen. Das Hefewasser mit 400 Milliliter lauwarmem Wasser zum Mehl geben und grob mischen.
2. Salz, Obstessig und Honig oder Rübensirup mit dem Mehl gründlich verkneten. Zum Schluss die Samen oder Nüsse oder eine Mischung davon einarbeiten.
3. Eine Kastenform gut einfetten und den Teig einfüllen. Zugedeckt an einem warmen Ort 1 Stunde gehen lassen. Inzwischen den Backofen auf 200 °C (Umluft 180 °C, Gas Stufe 3) vorheizen. Das Eiweiß leicht verquirlen. Den gegangenen Teigling mit einem scharfen Messer längs etwa 1 Zentimeter tief einschneiden. Mit dem verquirlten Eiweiß bestreichen und mit etwas Vollkornmehl bestreuen.
4. Das Brot im vorgeheizten Backofen 55 bis 60 Minuten backen. Einige Minuten in der Form ruhen lassen. Dann auf ein Kuchengitter stürzen und vollständig auskühlen lassen.

ZUTATEN

FÜR DEN TEIG

400 g Weizenvollkornmehl
200 g Weizenmehl (Type 1050)
1 Würfel Hefe
1 TL Zucker
1 EL Salz
3 EL Obstessig
2 EL Honig oder Rübensirup
200 g beliebige Samen oder Nüsse (Kürbiskerne, Sonnenblumenkerne, Haselnüsse, Walnüsse)
Butter für die Form

AUSSERDEM

1 kleines Eiweiß
1 EL Vollkornmehl

22 Scheiben
+ fettarm
+ gut vorzubereiten
ca. 155 kcal/Scheibe
95 Min. Zubereitungszeit
75 Min. Ruhezeit

VARIANTEN

Ein Brotteig kann mit verschiedenen Mehl- und Schrotsorten hergestellt werden. Immer muss der Teig kräftig geknetet werden. Dann braucht er ausreichend Zeit, in der er an einem warmen Ort geht, bis er sein Volumen verdoppelt hat. Nur so werden das Brot oder die Brötchen schön locker. Verändern Sie den Geschmack mit Nüssen und Samen, mit getrockneten Kräutern oder Pilzen, Dörrobst, gebratenen Speckwürfeln und auch einer Mischung daraus. Die Zusätze sollten mindestens zehn Prozent des Mehlgewichts betragen. Probieren Sie aus, was Ihrer Familie am besten schmeckt!

Haselnuss-Dattel-Aufstrich (Foto rechts)

ZUTATEN

200 g Haselnüsse
200 g große Datteln
Lebkuchengewürz

15 Portionen
+ Das schmeckt auch Kindergartenkindern
+ gut vorzubereiten
ca. 125 kcal/Portion
35 Min. Zubereitungszeit

1. Die Haselnüsse in einer Pfanne ohne Fett leicht rösten, bis sie duften. Nüsse auf ein Küchentuch geben und mit dem Tuch die dunkle Haut abrubbeln. Die Nüsse fein mahlen.

2. Die Datteln entkernen und vorsichtig die Haut abziehen. Das Fruchtfleisch fein hacken. Gemahlene Haselnüsse, Datteln und ein wenig heißes Wasser mit dem elektrischen Mixstab pürieren. Mit etwas Lebkuchengewürz abschmecken. Den nahrhaften Brotaufstrich in einem Twist-off-Glas im Kühlschrank aufbewahren.

Frischkäse-Paprika-Aufstrich (Foto rechts)

ZUTATEN

200 g leichter Frischkäse
1–2 EL Joghurt
30 g rote Paprikaschote
30 g grüne Paprikaschote
20 g Salzgurkenwürfel
1 EL Schnittlauchröllchen

15 Portionen
+ fettarm
+ gut vorzubereiten
ca. 25 kcal/Portion
20 Min. Zubereitungszeit

1. Frischkäse mit Joghurt zu einer streichfähigen Creme verrühren. Nach Bedarf noch etwas Joghurt zugeben. Die Paprikastücke in sehr kleine Würfel schneiden.

2. Paprikawürfel, Salzgurkenwürfel und Schnittlauchröllchen unter die Frischkäsecreme ziehen. Den Aufstrich sofort servieren oder bis zur Verwendung im Kühlschrank aufbewahren.

VARIANTE

Der Haselnuss-Dattel-Aufstrich schmeckt auch mit weichen, getrockneten Feigen, die über Nacht in lauwarmem Wasser eingeweicht werden, und leicht gerösteten, gehäuteten Mandeln oder Walnüssen.

VARIANTEN

Mit Joghurt cremig gerührter Frischkäse dient als Basis für viele feine Brotaufstriche: Probieren Sie ihn einmal mit Möhren- und Apfelwürfeln oder mit Tomatenwürfeln und frischem Basilikum oder mit klein geschnittenen Soft-Aprikosen.

ZUTATEN

250 g Möhren
1 orangerote Paprikaschote
1 Bund Frühlingszwiebeln
200 g braune Champignons
200 g Kirschtomaten
2 EL Olivenöl
1/2 l Gemüsebrühe
175 g Hirse
Salz, Pfeffer aus der Mühle
Currypulver
4 EL gehackte Kräuter
50 g Emmentaler, gerieben

4 Portionen
+ Party-Gericht
+ fettarm
ca. 315 kcal/Portion
1 Std. Zubereitungszeit

Hirsepfanne

1. Möhren schälen, Paprika putzen und ebenfalls schälen. Frühlingszwiebeln putzen, Pilze kurz abbrausen. Tomaten waschen, Stielansätze wegschneiden. Das Gemüse klein schneiden.

2. Das Öl in einer hohen Pfanne erhitzen und das Gemüse bis auf die Tomaten darin kurz anschwitzen. Mit etwa 100 Milliliter Brühe auffüllen und bissfest garen. Die restliche Brühe in einem Topf zum Kochen bringen. Die Hirse heiß abbrausen und in der Brühe bei geringer Hitze zugedeckt 20 Minuten garen.

3. Die Hirse mit den Tomaten zum Gemüse dazugeben und erhitzen. Abschmecken, mit den Kräutern bestreuen. Den Käse getrennt dazu reichen.

VARIANTEN

In der Hirsepfanne schmeckt auch jedes andere Gemüse wie Brokkoli und Blumenkohl, weißer oder grüner Spargel, Artischocken, Zucchini oder grüne Bohnen. Schneller geht es, wenn Sie tiefgefrorenes Wok-Gemüse aus dem Supermarkt oder eine selbst eingefrorene Gemüsemischung verwenden.

ZUTATEN

FÜR DIE GEMÜSEPLATTE

500 g neue Kartoffeln
500 g weißer oder grüner Spargel
200 g braune Champignons
Salz
2 dicke Möhren
4 Stangen Sellerie
1/2 Salatgurke
125 g Kirschtomaten
1 Chicorée

FÜR DIE DIPS

250 g Quark (20 % Fett)
150 g Joghurt
1 kleine Gewürzgurke
2 EL Dill oder gemischte Kräuter
1 EL Sesam
100 g fettarme Mayonnaise
etwas Orangensaft

4 Portionen
\+ gut vorzubereiten
\+ Party-Rezept
ca. 345 kcal/Portion
90 Min. Zubereitungszeit

Gemüseplatte mit Dips

1. Für die Gemüse- und Rohkostplatte die neuen Kartoffeln gründlich unter kaltem Wasser abbürsten und in wenig Wasser garen. Die Kartoffeln abgießen, längs vierteln und warm halten. Vom Spargel die holzigen Enden wegschneiden, weißen Spargel schälen, grünen Spargel nur am unteren Drittel schälen. Die Champignons bei Bedarf säubern und die Stiele kürzen. Weißen Spargel in wenig Salzwasser 10 Minuten garen, grünen Spargel in wenig Salzwasser 4 Minuten garen. Das Gemüse abgießen und abtropfen lassen.

2. Möhren schälen und in lange dicke Stifte schneiden. Vom Sellerie die äußeren Fäden abziehen, die Stangen waschen und längs halbieren. Die Gurke schälen, entkernen, in dicke Stifte schneiden. Die Tomaten waschen, Stielansatz wegschneiden. Chicorée putzen, Blätter ablösen.

3. Für die Dips den Quark mit der Hälfte des Joghurts glatt rühren. Die Gewürzgurke sehr fein würfeln und mit den Kräutern unter den Quark mischen, mit Salz abschmecken. Den Sesam in einer Pfanne ohne Fett rösten. Restlichen Joghurt mit Mayonnaise cremig rühren. Den abgekühlten Sesam einrühren und mit Salz und Orangensaft abschmecken.

4. Die heißen Kartoffeln und das Gemüse dekorativ auf einer Platte anrichten. Kartoffeln eventuell auch getrennt in einer Schüssel auftragen. Die beiden Dips in Schälchen füllen und mit dem Gemüse und den Kartoffeln anrichten.

Gemüsepizza

1. Für den Teig das Mehl in eine Schüssel sieben. Die Hefe zerbröckeln und mit Zucker und 150 ml Wasser glatt rühren. Zugedeckt 15 Minuten ruhen lassen. Hefemilch, Olivenöl und Salz zum Mehl geben und alles kräftig zu einem elastischen Teig verkneten.

2. Ein Backblech mit reichlich Butter einfetten. Den Teig auf dem Blech ausrollen und zugedeckt 30 Minuten ruhen lassen.

3. Inzwischen die Pizzatomaten mit Tomatenmark, etwas Zucker, durchgedrückter Knoblauchzehe, Salz und Pfeffer verrühren. Die Paprikaschoten nach Belieben mit einem Sparschäler schälen oder waschen und trockenreiben. Paprika, Lauch, Champignons oder Brokkoli putzen, waschen und gleichmäßig klein schneiden.

4. Den Backofen auf 200 °C (Umluft 180 °C, Gas Stufe 3) vorheizen. Die Tomatensauce auf dem Teig verteilen. Das Gemüse mit dem abgetropften Mais darüber verteilen. Den gekochten Schinken vom Fettrand befreien, fein würfeln und auf der Pizza verteilen.

5. Mozzarella grob über das Gemüse raspeln. Mit Salz, Pfeffer und Oregano würzen und mit etwas Öl beträufeln. Auf der unteren Stufe im Backofen 25 bis 30 Minuten backen. Die Pizza in Portionsstücke schneiden und mit den abgezupften Basilikumblättchen bestreuen.

ZUTATEN

FÜR DEN TEIG

300 g Weizenmehl (Type 1050)
1/2 Würfel Hefe
1/2 TL Zucker
2 EL Olivenöl, 1/2 TL Salz
Butter für das Backblech

FÜR DEN BELAG

1 Dose Pizzatomaten
2 TL Tomatenmark
1 Prise Zucker
1 Knoblauchzehe, Salz
Pfeffer aus der Mühle
1 rote Paprikaschote
1 gelbe Paprikaschote
2 Stangen Lauch
200 g Champignons oder Brokkoliröschen
1/2 Dose Mais
125 g gekochter Schinken
400 g Mozzarella
1 TL Oregano, 2 EL Olivenöl
2 Stängel Basilikum

4 Portionen
\+ Party-Rezept
\+ Das schmeckt auch Kindergartenkindern
\+ Kind kann bei der Zubereitung helfen
ca. 747 kcal/Portion
30 Min. Zubereitungszeit
45 Min. Ruhezeit
30 Min. Backzeit

VARIANTE

Nehmen Sie das Gemüse, das Ihnen und Ihren Kindern am besten schmeckt: Es eignen sich auch Kohlrabi, roh oder gegart, gekochte Blumenkohl- und Brokkoliröschen und Rote Bete, gekochter Rosenkohl, frische Paprika- und Zucchinistreifen.

KIND HILFT MIT

Größere Kinder können diese Pizza mit Anleitung schon fast alleine zubereiten. Kleinere kneten gern Teig und schneiden Gemüse, Schinken und Mozzarella klein. Alles dekorativ auf dem Teig zu verteilen macht allen aber am meisten Spaß.

CLEVER

Versuche haben es gezeigt – Hafer macht schlappe Kinder munter und konzentrierter. Hafer gibt es als Körner, verschiedene Flocken, Schrot, Grütze und Mehl.

Möhrensuppe mit Haferklößchen

Macht satt und fröhlich – ein Abendessen, das lecker schmeckt und sooo gesund ist! Die Möhren stärken Augen und Gehirn und liefern Zellschutz. Hafer ist unser »Gute-Laune-Getreide«, das glücklich machende Stoffe im Körper freisetzt – für gute Laune und geistige Leistungsfähigkeit.

1. Für die Suppe 1/2 Liter Brühe zum Kochen bringen. Suppengrün und Möhren putzen, waschen, schälen und grob würfeln. In der heißen Brühe weich kochen und mit der Brühe pürieren. Die Milch dazugießen. Mit Salz, Pfeffer und Muskatnuss abschmecken. Die Sahne halb steif schlagen und kühl stellen. Die Kresse aus dem Kästchen schneiden, in ein Sieb legen und abbrausen. Abtropfen lassen.
2. Für die Klößchen die Zwiebel abziehen und fein würfeln. In dem heißen Öl weich, aber nicht braun schmoren. Den Haferschrot und die zurückbehaltene Gemüsebrühe dazugeben, aufkochen lassen, und den Hafer unter Rühren mindestens 1 Minute ausquellen lassen. Die Hafermasse abkühlen lassen, bis sie nur noch lauwarm ist. Ei und Petersilie untermischen und die Masse mit Salz, Pfeffer und Muskat abschmecken.
3. Reichlich Salzwasser zum Kochen bringen und mit einem Esslöffel von der Hafermasse Klößchen abstechen. In dem Salzwasser sieden lassen, bis die Klößchen an der Oberfläche schwimmen.
4. Die Suppe noch einmal zum Kochen bringen. Die Sahne rasch unterrühren und die Suppe in tiefen Tellern anrichten. Die Klößchen abtropfen lassen und in die Mitte setzen, mit Kresse bestreuen.

ZUTATEN

FÜR DIE SUPPE
700 ml Gemüsebrühe
1 Bund Suppengrün
250 g Möhren
1/4 l fettarme Milch
Salz, Pfeffer aus der Mühle
Muskatnuss
100 g Sahne
1 Kästchen Kresse

FÜR DIE KLÖßCHEN
1 Zwiebel
1 EL Keimöl
100 g Haferschrot
1 Ei
4 EL gehackte Petersilie

4 Portionen
+ Das schmeckt auch Kindergartenkindern
+ fettarm
+ gut vorzubereiten
ca 330 kcal/Portion
50 Min. Zubereitungszeit

MENGENWEISE NÄHRSTOFFE

Diese gute Suppe enthält viele wertvolle Biostoffe, zum Beispiel 780 mg Kalium, 80 mg Magnesium, 245 mg Kalzium, 4,6 mg Eisen, 0,6 mg Vitamin B6, 5,3 mg Vitamin E (pro Portion).

VARIANTE

Die Möhrensuppe sieht durch ihre leuchtende Farbe besonders appetitanregend aus. Statt der Möhren können Sie aber auch anderes Gemüse wie Lauch, Kohlrabi, Wirsing, Spargel oder Champignons verwenden. Haferschrot erhalten Sie in Reformhäusern und Bioläden.

ZUTATEN

FÜR DIE PIZZABROTE

200 g Zwiebeln
1 gelbe Paprikaschote
1 EL Olivenöl
150 g braune Champignons
1 EL Butter
getrockneter Thymian
4 große Scheiben Bauernbrot
400 g Tomaten
Salz
250 g Büffelmozzarella
4 schwarze Oliven
1 Bund Basilikum

FÜR DEN SALAT

1 Kopfsalat
1 Möhre
1 kleine Dose Mais
4 EL Orangensaft
1 EL Zitronensaft
2 EL Olivenöl
Salz, Pfeffer aus der Mühle

4 Portionen
\+ Kind kann beim Zubereiten helfen
ca. 395 kcal/Portion
50 Min. Zubereitungszeit

Pizzabrote mit buntem Salat

1. Zwiebeln abziehen und in Streifen schneiden. Die Paprikaschote putzen, mit dem Sparschäler schälen und in Streifen schneiden. Das Öl in einer Pfanne erhitzen. Zwiebeln und Paprika darin weich schmoren.

2. Die Pilze bei Bedarf kurz abbrausen, die Stiele kürzen und die Pilzköpfe blättrig schneiden. In der heißen Butter kurz anschwitzen und mit etwas Thymian würzen. Den Backofen auf 200 °C (Umluft 180 °C, Gas Stufe 3) vorheizen und die Brotscheiben darin kurz rösten.

3. Die Tomaten waschen und die Stielansätze wegschneiden. Die Tomaten in dünne Scheiben schneiden. Endstücke in Streifen schneiden und beiseite legen. Die Tomatenscheiben auf den Brotscheiben verteilen. Mit der Zwiebel-Paprika-Mischung und den Pilzen belegen und mit Salz bestreuen.

4. Den Mozzarella in Scheiben schneiden und auf den Broten verteilen. Die Pizzabrote auf ein Backblech legen und im Backofen auf der mittleren Schiene 10 bis 15 Minuten backen. Nach Belieben jeweils eine Olive in die Mitte setzen. Mit einigen abgezupften Basilikumblättchen garnieren.

5. Für den Salat die zurückgelegten Tomatenstreifen mit den restlichen Basilikumblättern und den gewaschenen Kopfsalatblättern mischen. Die Möhre schälen und grob zum Salat raspeln. Mais abgießen und zugeben.

6. Für das Dressing die beiden Zitrussäfte mit dem Öl cremig rühren und mit Salz und Pfeffer würzen. Über den Salat gießen und kurz mischen.

VARIANTEN

So ein leckeres Pizzabrot lässt sich auch mit anderen Zutaten belegen: Tomaten, grünen Bohnen, eingelegten Artischockenböden, gebratenem Lammfilet, Bratenresten und Ziegenkäse oder Tomaten, Spinat oder Brokkoli, Streifen von gekochtem Schinken und Mozzarella oder Feta.

KIND HILFT MIT

Zuerst einmal ist hier Gemüseputzen angesagt. Kinder, die dazu keine Lust haben oder die noch zu klein dafür sind, belegen die Brotscheiben und beobachten dann durch das Backofenfenster gebannt, wie der Käse langsam schmilzt.

CLEVER

Mozzarella aus Büffelmilch ist etwas fetthaltiger als Kuhmilch-Mozzarella. Er schmilzt besser und eignet sich deshalb zum Füllen und Überbacken besser als der übliche Kuhmilch-Mozzarella. Allerdings hat er einen etwas kräftigeren Eigengeschmack.

VARIANTE

Ersetzen Sie die Zucchini auch einmal durch Weißkohl, Wirsing, Kohlrabi, Blumenkohl oder Brokkoli.

Gemüsepuffer mit Paprikasauce

Von solch knusprigen Puffern sind selbst Gemüsemuffel begeistert: Süße Möhren und Zucchini schmecken allen, und eine knallrote Sauce bringt Farbe auf den Teller. Und wenn Ihr Kind Paprikasauce nicht mag, dann kochen Sie eine milde Tomatensauce zu den knusprigen Puffern.

1. Für die Puffer die Zwiebel abziehen und in feine Halbringe schneiden. Kartoffeln und Möhren schälen, Zucchini putzen und waschen. Alles grob zu den Zwiebeln raspeln. Haferflocken und Eier untermischen. Die Masse mit Petersilie, Salz, Pfeffer und Muskatnuss würzen. Kurz durchziehen lassen.
2. Etwas Keimöl in einer oder zwei beschichteten Pfannen erhitzen. Aus der Gemüsemasse handtellergroße Puffer formen und im Öl von beiden Seiten goldgelb backen. Die fertigen Puffer im 100 °C heißen Backofen warm halten.
3. Für die Sauce alle Paprikaschoten vierteln, entkernen, helle Trennwände entfernen und die Viertel mit dem Sparschäler schälen. Fruchtfleisch klein schneiden. Etwa die Hälfte der roten Paprikaschote in winzige Würfel schneiden und beiseite stellen.
4. Alle anderen Schoten in 100 Milliliter Brühe in etwa 15 Minuten weich kochen, pürieren und nach Belieben durch ein Sieb streichen. Mit Gemüsebrühe, Wasser und etwas Sahne auf die gewünschte Konsistenz bringen. Die roten Paprikawürfel hinzufügen und einmal aufkochen. Mit Salz und Pfeffer abschmecken.

ZUTATEN

FÜR DIE PUFFER

1 Zwiebel
300 g fest kochende Kartoffeln
300 g Möhren
300 g Zucchini
30 g Instant-Haferflocken
50 g kernige Haferflocken
4–5 Eier
4 EL gehackte Petersilie
Salz, Pfeffer aus der Mühle
Muskatnuss
Keimöl zum Braten

FÜR DIE SAUCE

2 gelbe Paprikaschoten
1 rote Paprikaschote
150 ml Gemüsebrühe
2 EL Sahne
Salz, Pfeffer

4 Portionen
\+ Das schmeckt auch Kindergartenkindern
\+ fettarm
ca. 400 kcal/Portion
1 Std. Zubereitungszeit

VARIANTE

Wenn Ihre Kinder keine Paprikasauce mögen oder wenn es schnell gehen muss, rühren Sie eine kalte Sauce aus Joghurt, winzigen Apfelwürfeln und gehackten beliebigen Kräutern wie Schnittlauch, Petersilie, Dill, Kerbel oder Basilikum.

MENGENWEISE NÄHRSTOFFE

Die vegetarischen Puffer mit roter Paprikasauce enthalten besonders viele wertvolle Biostoffe: unter anderem 35 g Kohlenhydrate, 15 g Eiweiß, 22 g Fett, 10 g Ballaststoffe, 1029 mg Kalium, 91 mg Magnesium, 5,7 mg Eisen, 0,5 mg Vitamin B2, 0,9 mg Vitamin B6, 160 µg Folsäure, 184 mg Vitamin C, 1,8 µg Vitamin D, 9,4 mg Vitamin D (pro Portion).

ZUTATEN

150 g Langkornreis
Salz
1 EL Butter
500 g Tomaten
1 kleine Knoblauchzehe
1 EL Olivenöl
1 EL Tomatenketchup
Getrockneter Thymian
Pfeffer aus der Mühle
800 g Rotbarsch- oder Kabeljaufilet
500 g Brokkoli
Muskatnuss
1/4 l fettarme Milch
50 g Emmentaler

4 Portionen
+ Das schmeckt auch Kindergartenkindern
+ fettarm
ca. 465 kcal/Portion
70 Min. Zubereitungszeit

Fischfilet auf Tomatenreis mit Brokkoli

1. Den Reis unter fließendem Wasser waschen und in reichlich Salzwasser 20 Minuten garen. Den Reis abgießen, gut abtropfen lassen und mit der Butter verfeinern. Die Tomaten kurz in kochendes Wasser tauchen. Häuten, vierteln, Stielansatz und Kerne entfernen und das Fruchtfleisch würfeln.
2. Den Knoblauch abziehen, fein hacken und in wenig Olivenöl weich schmoren. Mit dem restlichen Öl eine Auflaufform einfetten. Den Reis mit Knoblauch, Tomatenwürfeln und Ketchup mischen. Mit etwas Thymian, Salz und Pfeffer abschmecken. Den Reis in die Auflaufform füllen.
3. Den Fisch unter fließendem Wasser abspülen, trockentupfen und in etwa 4 Zentimer dicke Streifen schneiden oder würfeln. Den Fisch rundherum mit Salz und Pfeffer würzen und auf den Reis setzen.
4. Brokkoli putzen, den Stiel schälen und klein schneiden. Acht schöne Röschen in wenig Salzwasser 2 Minuten kochen und zwischen dem Fisch auf den Reis setzen. Brokkolistiele und Röschen in wenig Salzwasser weich kochen.
5. Das Wasser abgießen und die Milch zugeben. Das Gemüse darin pürieren, mit Salz, Pfeffer und Muskat abschmecken. Den Käse reiben und in der heißen Sauce schmelzen. Nach Bedarf die Sauce mit etwas Milch verdünnen.
6. Den Backofen auf 180 °C (Umluft 160 °C, Gas Stufe 2) vorheizen. Die Sauce über den Fisch und die Brokkoliröschen gießen und alles im Backofen auf der mittleren Schiene 15 bis 20 Minuten garen.

VARIANTEN

Der Brokkoli kann durch Blumenkohl oder geschälte Paprikaschoten ersetzt werden. Und wer gern Pilze mag, mischt den Reis statt mit Tomatenwürfeln mit Champignons, die in wenig Öl oder Butter gedünstet werden. Anstelle von Fisch können Sie kurz angebratene Hähnchenbrust zum Reis geben.

BROKKOLI

Dieser grüne »Spargelkohl« stammt ursprünglich wie der Blumenkohl aus Kleinasien. Die tiefgrünen Kohlröschen enthalten reichlich Vitamin C und Kalium, aber auch viel Folsäure, Magnesium, Eisen, Phosphor und Pantothensäure.

Schaschlik mit Kartoffelsalat

1. Zucchini putzen, waschen und längs in dünne Scheiben hobeln. Die Scheiben 30 Sekunden in kochendes Wasser legen. Herausnehmen und trockentupfen. Tomaten waschen, Pilze putzen. Die Paprikaschote putzen und mit dem Sparschäler schälen. In vier oder acht gleich große Stücke schneiden.
2. Das Fleisch von Fett und Sehnen befreien, waschen und trockentupfen. In 16 gleich große Würfel schneiden. Vier Schaschlikspieße wie folgt bestücken: Champignon, Fleisch, Paprika, Fleisch, die Zucchinischeiben ziehharmonikaartig zusammenfalten und aufspießen, Fleisch, Tomate, Fleisch.
3. Die Spieße mit Salz und Pfeffer würzen und in einer großen Pfanne oder in einem Bräter mit wenig Öl rundherum etwa 10 Minuten braten.
4. Für den Salat die Mandelstifte in einer Pfanne ohne Fett goldgelb rösten. Kartoffeln in wenig Wasser garen, schälen und abkühlen lassen. Den Apfel waschen, in Spalten schneiden und vom Kerngehäuse befreien. Die Spalten in dünne Scheiben hobeln. Die Kartoffeln und die Gewürzgurke in dünne Scheiben schneiden. Die Zwiebel abziehen und in feine Halbringe oder Würfel schneiden. Alle klein geschnittenen Zutaten in einer Schüssel mischen.
5. Für das Dressing Joghurt mit Öl, Zitrussäften und Senf verrühren. Mit Salz, Pfeffer und Honig abschmecken. Über die Salatzutaten gießen und den Salat bei Zimmertemperatur 30 Minuten durchziehen lassen. Noch einmal mit Zitronensaft und Salz abschmecken und mit den Mandeln bestreuen.

ZUTATEN

FÜR DAS SCHASCHLIK

1 Zucchini (ca. 200 g)
4 Kirschtomaten
4 Champignons
1/2 gelbe Paprikaschote
500 g Putenschnitzel am Stück
Salz, Pfeffer aus der Mühle
Keimöl zum Braten

FÜR DEN SALAT

30 g Mandelstifte
750 g Kartoffeln
1 fester Apfel
1 Gewürzgurke
1 rote Zwiebel
150 g Joghurt
1 EL Öl, 3 EL Zitronensaft
2 EL Orangensaft
1 TL Senf
Honig

4 Portionen
\+ gut vorzubereiten
\+ fettarm
\+ Party-Gericht
\+ Kind kann beim Zubereiten helfen
ca. 430 kcal/Portion
80 Min. Zubereitungszeit

KIND HILFT MIT

Gemüse und Fleisch aufspießen – welches Kind hilft da nicht gerne? Lassen Sie Ihren Sprössling ruhig seinen eigenen Spieß bestücken wie er will – mit mehr oder weniger Fleisch und seinem Lieblingsgemüse.

VARIANTEN

Im Sommer können die Spieße sehr gut über dem Gartengrill gegart werden. Aber auch unter dem Elektrogrill des Backofens lassen sich die Schaschlikspieße braten. Achten Sie bitte darauf, dass Fleisch und Gemüse beim Braten oder Grillen nicht zu dunkel werden.

ZUTATEN

FÜR DEN AUFLAUF
500 g Blattspinat (evtl. TK)
1 Zwiebel
1 TL Olivenöl
Salz, Pfeffer aus der Mühle
Muskatnuss, Zucker
4 Eier (Größe L)
Butter für die Förmchen

FÜR DIE SAUCE
500 g Tomaten
1 EL Tomatenmark
2 EL Tomatenketchup
1 EL Sahne
Salz, Pfeffer, Zucker

FÜR DIE REISTALER
250 g gekochter Reis
25 g geriebener Parmesan
1 Ei (Größe L)
Keimöl zum Braten

4 Portionen
+ Das schmeckt auch Kindergartenkindern
+ gut vorzubereiten
ca. 400 kcal/Portion
75 Min. Zubereitungszeit

Kleiner Spinatauflauf mit Tomatensauce und Reistaler

1. Für den Auflauf den Spinat putzen, gründlich waschen und in einem großen Topf bei starker Hitze zusammenfallen lassen. Den Spinat gut ausdrücken und grob bis mittelfein hacken. Die Zwiebel abziehen und fein würfeln. In dem heißen Öl weich schmoren. Den Spinat zufügen und mit Salz, Pfeffer, Muskatnuss und Zucker abschmecken. Sofort mit den Eiern mischen.

2. Den Backofen auf 180 °C (Umluft 160 °C, Gas Stufe 2) vorheizen. Vier kleine Förmchen (Kaffeetassen oder -becher) einfetten und die Masse einfüllen. Die Förm-

VARIANTE

Spinat ist zwar gesund, wird aber von vielen Kindern abgelehnt. Probieren Sie es mit diesen kleinen leckeren Spinataufläufen, sie sind bei vielen Kindern sehr beliebt.

CLEVER

Statt des Reistalers können Sie auch frisch gekochten Reis oder knusprige Kartoffelspalten anbieten. Wer mag, brät ein paar Scheiben Bacon (Frühstücksspeck) knusprig und legt sie über die gestürzten Aufläufe.

chen in einen Topf setzen und mit heißem Wasser bis kurz vor dem Förmchenrand auffüllen. Im Backofen auf der mittleren Schiene 40 bis 50 Minuten garen, bis das Ei gestockt ist.

3. Für die Sauce die Tomaten waschen, Stielansätze wegschneiden und die Früchte grob würfeln. Die Tomatenwürfel in einem Topf langsam zum Kochen bringen und 5 Minuten offen kochen, dann durch ein Sieb streichen und leicht cremig einkochen. Mit Salz, Pfeffer, Zucker, Tomatenmark, Ketchup und Sahne abschmecken.

4. Für den Reistaler den gekochten Reis mit Parmesan und Ei mischen. Mit Salz und Pfeffer würzen. In einer beschichteten Pfanne etwas Öl erhitzen und den Reis auf den Boden der Pfanne drücken. Bei mittlerer Hitze goldgelb braten. Den Taler wenden und auf der anderen Seite ebenfalls goldgelb braten. Die Aufläufe auf Teller stürzen, etwas Sauce dazugeben und den Reistaler, wie eine Torte aufgeschnitten, dazu reichen.

5. Noch schneller geht es, wenn Sie aus der Reismasse nicht einen großen Taler backen, sondern 8 kleine Talerchen. Sie sind schneller gar. Diese dann aber nicht aufschneiden, sondern jeweils zwei kleine Reistaler im Ganzen zu den kleinen Spinataufläufen servieren.

SPINAT

Spinat enthält sage und schreibe zehn Vitamine und 13 Mineralstoffe. Besonders hoch ist sein Gehalt an Folsäure, Karotin und Vitamin C. Tiefkühlspinat besitzt rund 20 % weniger Vitamin C als frischer Blattspinat, einen Tag bei Zimmertemperatur gelagerte Frischware verliert aber die Hälfte ihres Vitamin-C-Gehalts.

CLEVER

Süße Fluganans roh püriert als Sauce servieren. So bleibt das wertvolle, aber hitzeempfindliche Enzym Bromelain erhalten.

Hirsepuffer mit Ananaskompott

Hirse und Obst in idealer Kombination – die Hirse macht lustig, wach und schlau. Zusätzliches Vitamine liefert die Ananas. Dieses Gericht sättigt süß und lecker, liefert Kraft für Heranwachsende und wertvolle Bausteine für Knochen, Zähne, Nägel und Haut.

1. Für das Kompott die Ananas oben und unten abschneiden, vierteln, sorgfältig schälen und den mittleren, harten Strunk herausschneiden. Die Frucht in etwa 1 Zentimeter große Würfel schneiden. Zucker mit Orangensaft und aufgeschlitzter Vanilleschote zu einem leichten Sirup einkochen. Die Ananaswürfel hinzufügen und bei milder Hitze etwa 15 Minuten garen, mit Zitronensaft abschmecken. Vanilleschote entfernen.
2. Für die Puffer die Hirse heiß abbrausen und in der Milch mit Zucker und Salz in etwa 20 Minuten zu einem festen Brei kochen. Die Masse etwas abkühlen lassen und mit Grünkernmehl und den drei Eigelben zu einer glatten Masse verrühren.
3. Die Hirsemasse im Kühlschrank mindestens 30 Minuten ausquellen lassen. Die beiden Eiweiße steif schlagen und unter die Hirse ziehen. Aus der Masse handtellergroße Puffer formen. In einer beschichten Pfanne etwas Öl erhitzen und die Puffer darin braten. Sobald die Unterseite leicht angebraten ist, die Oberseite mit einigen Mandelblättchen bestreuen und die Puffer wenden. Das Kompott warm oder abgekühlt zu den heißen Puffern reichen.

ZUTATEN

FÜR DAS KOMPOTT

1 reife Ananas
75 g Zucker
100 ml Orangensaft
1/2 Vanilleschote
Zitronensaft

FÜR DIE PUFFER

150 g Hirse
300 ml fettarme Milch
2 EL Zucker, 1 Prise Salz
150 g Grünkernmehl
2 Eier, 1 Eigelb
Keimöl zum Ausbacken
25 g Mandelblättchen

4 Portionen
+ Das schmeckt auch Kindergartenkindern
+ gut vorzubereiten
ca. 650 kcal/Portion
75 Min. Zubereitungszeit

ANANAS

Greifen Sie zu, wenn Sie eine Flugananas bekommen. Diese Früchte werden reif geerntet und kommen auf dem schnellsten Weg zu uns. Frische Ananas enthält viele wertvolle Vitamine, ein wichtiges Enzym für die Verdauung und 16 Mineralstoffe und Spurenelemente.

MENGENWEISE NÄHRSTOFFE

Dieses Gericht ist prallvoll mit wertvollen Stoffen aus der Natur: Es enthält 101 g Kohlenhydrate, 16 g Eiweiß, 19 g Fett, 10 g Ballaststoffe, 780 mg Kalium, 147 mg Magnesium, 6,6 mg Eisen, 0,6 mg Vitamin B6, 34 mg Vitamin C, 5,5 mg Vitamin E, 1,08 µg Vitamin B12 (pro Portion).

VARIANTEN

Zu den Hirsepuffern passt auch ein Kompott aus Äpfeln, Kirschen, Birnen, Pfirsichen, Nektarinen, Aprikosen oder Mirabellen. Besonders fein schmeckt dazu auch ein Obstsalat aus Äpfeln oder Birnen, Orangen und Bananen, gewürzt mit etwas Zitronensaft und Honig.

ZUTATEN

FÜR DIE FÜLLUNG

1 rote Paprikaschote
1 gelbe Paprikaschote
200 g Zucchini
1 Bund Frühlingszwiebeln
1 EL Keimöl
1/8 l Gemüsebrühe
1 kleine Dose Mais
Salz, Pfeffer aus der Mühle

FÜR DIE PFANNKUCHEN

6 Eier (Größe M)
2 EL Mehl
75 ml fettarme Milch
Salz, Pfeffer
Keimöl zum Backen
4 EL gehackte Petersilie

4 Portionen
+ Kind kann beim Zubereiten helfen
ca. 300 kcal/Portion
1 Std. Zubereitungszeit

Gemüsepfannkuchen

1. Für die Füllung die Paprikaschoten vierteln, entkernen und die hellen Trennwände wegschneiden. Die Schoten mit einem Sparschäler schälen und in sehr dünne Streifen schneiden. Die Zucchini waschen und mit einem Gemüsehobel längs in dünne Streifen schneiden. Diese breiten Streifen dann in schmale Streifen schneiden. Frühlingszwiebeln putzen und unter fließendem Wasser abbrausen. Den dunkelgrünen Teil wegschneiden und die Stauden je nach Größe ganz lassen, längs halbieren oder vierteln.

2. Das Öl in einem weiten Topf erhitzen, und Paprika, Zucchini und Zwiebeln darin leicht anschwitzen. Mit der Brühe ablöschen und bei milder Hitze 8 Minuten garen. Maiskörner abgießen und hinzufügen. Die Gemüsemischung in einem Sieb abtropfen lassen und warm halten.

3. Für die Pfannkuchen die Eier mit dem Mehl und der Milch glatt rühren. Mit Salz und Pfeffer würzen. In einer beschichteten Pfanne etwas Öl erhitzen und ein Viertel der Eimasse einfüllen. Sobald die Unterseite fest geworden ist, den Pfannkuchen wenden und fertig backen. Eventuell im Backofen warm halten. Die restlichen drei Pfannkuchen ebenso backen.

4. Die Gemüsemischung salzen und pfeffern. Auf den Pfannkuchen verteilen und diese zusammenklappen. Mit etwas Petersilie bestreuen.

VARIANTEN

Versuchen Sie auch einmal eine Gemüsemischung aus grünen Bohnen, Möhrenstreifen und Champignons. Ganz fein, aber auch kalorienreicher, werden die Omeletts, wenn Sie sie nach dem Füllen in eine gefettete Auflaufform legen, mit etwas geriebenem Käse bestreuen und überbacken.

KIND HILFT MIT

Für die Gemüsefülle darf sich das Kind ab und zu seine Lieblingsgemüsemischung aussuchen und selbst beim Schnippeln helfen. Größere Kinder sind begeisterte Pfannkuchenbäcker – wenn man sie machen lässt und unterstützend zur Seite steht.

CLEVER

Das Gemüsekochwasser enthält viele wasserlösliche Vitamine, die Sie nicht wegschütten sollten. Verwenden Sie den aufgefangenen Sud für eine Suppe oder trinken Sie ihn, eventuell mit ein wenig Fruchtsaft gemischt.

Snacks und Desserts: Gesundes für zwischendurch

Möhrenrohkost

ZUTATEN

6 Haselnusskerne
200 g Möhren
1 kleiner Apfel
Zitronensaft, Apfelsaft
1 TL Honig

2 Portionen
+ Blitzrezept
+ fettarm
+ Party-Rezept
+ Kind kann beim Zubereiten helfen

ca. 115 kcal/Portion
15 Min. Zubereitungszeit

Die Haselnusskerne in einer Pfanne ohne Fett rösten und grob hacken. Möhren und Apfel schälen und fein in eine Schüssel reiben. Mit etwas Zitronensaft, Apfelsaft und Honig mischen. Zum Schluss die gehackten Haselnüsse darüber streuen.

Kleine Gemüsespieße

ZUTATEN

2 kleine Kohlrabi
1 dicke Möhre
2 kleine Zucchini
2 große Tomaten
8 Kirschtomaten

4 Portionen
+ Blitzgericht
+ Party-Rezept
+ Kind kann beim Zubereiten helfen

ca. 45 kcal/Portion
10 Min. Zubereitungszeit

1. Kohlrabi und Möhre schälen, beides in 1 Zentimeter dicke Scheiben schneiden. Zucchini putzen, waschen und abtrocknen. Die großen Tomaten kurz in kochendes Wasser tauchen und häuten. Zucchini und Tomaten ebenfalls in 1 Zentimeter dicke Scheiben schneiden. Die Kirschtomaten waschen, trockentupfen und die Stielansätze gerade abschneiden.
2. Acht Zahnstocher in folgender Reihenfolge bestücken: Möhre, Kohlrabi, Tomatenscheibe, Zucchini, Kirschtomate mit der runden Seite nach außen.

KIND HILFT MIT

Das können Kinder ganz alleine: Gemüse waschen, putzen, schneiden, aufspießen, hübsch anrichten – lassen Sie Ihre Kleinen einmal ganz selbstständig in der Küche werkeln. Sie werden sehen – es ist nicht perfekt, aber die Kinder sind stolz auf ihre Kochkünste.

VARIANTE

Frisches Sauerkraut aus dem Fass ist urgesund, aber Kinder mögen gekochtes Sauerkraut oft nicht. Versuchen Sie es Ihren Kindern einmal roh anzubieten. Oder mischen Sie ein bisschen Sauerkraut unter die Möhrenrohkost und süßen mit Honig.

Blaubeer-Muffins

1. Die Blaubeeren verlesen, waschen und gut abtropfen lassen. Die weiche Butter mit Salz, Zucker und Zimt schaumig rühren. Die Eier hinzufügen und 3 Minuten weiterrühren. Saure Sahne untermischen. Die Mehlsorten mit dem Backpulver mischen und in den Teig rühren. Mandeln und so viel Orangensaft zufügen, bis der Teig recht dickflüssig ist.

2. Die Mulden der Muffinform einfetten oder mit den Papierförmchen bestükken. Den Backofen auf 180 °C (Umluft 160 °C, Gas Stufe 2) vorheizen. Die Blaubeeren unter den Teig heben. Den Teig in die Förmchen füllen. Auf der mittleren Schiene 20 bis 25 Minuten backen.

3. Die Muffins 5 Minuten in der Form ruhen lassen. Auf einem Kuchengitter vollständig auskühlen lassen. Für den rosa Guss den Puderzucker mit Zitronensaft und wenig Saft oder Sirup cremig rühren. Den Guss in einen kleinen Gefrierbeutel füllen und eine Spitze knapp abschneiden. Die Muffins mit zarten Zuckergussstreifen garnieren.

ZUTATEN

250 g Blaubeeren (Heidelbeeren)
125 g Butter
1 Prise Salz
100 g Zucker
1 TL Zimtpulver
2 Eier
200 g saure Sahne
100 g Weizenvollkornmehl
100 g Weizenmehl (Type 550)
2 TL Weinsteinbackpulver
50 g gemahlene Mandeln
Orangensaft
Butter oder Papierförmchen für die Form
100 g Puderzucker
1 EL Zitronensaft
roter Fruchtsaft oder Sirup

12 Stück
\+ Kind kann beim Zubereiten helfen
ca. 240 kcal/Stück
1 Std. Zubereitungszeit

KIND HILFT MIT

Diesen einfachen Rührteig können schon Kindergartenkinder mit Anleitung selbstständig zubereiten. Kleinere verteilen gern die Papierförmchen im Muffinsblech und verzieren die Kuchen anschließend mit Zuckerguss.

VARIANTE

Versuchen Sie die kleinen wilden Blaubeeren zu bekommen, sie schmecken intensiver als die dicken Gartenblaubeeren. Statt der Blaubeeren können Sie auch 200 Gramm Johannisbeeren oder Apfelwürfel oder 100 Gramm Rosinen oder Schokobits in den Teig einrühren.

ZUTATEN

1 große Zwiebel
1 EL Butter
150 g zarte Haferflocken
100 g Weizenvollkornmehl
50 g Weizenmehl (Type 550)
1 1/2 TL Backpulver
1 Prise Zucker
1/2 TL Salz
3 EL Nuss- oder Keimöl
Weizenvollkornmehl zum Bearbeiten
Butter fürs Backblech
1 Eiweiß
50 g geschälter Sesam

16 Stück
+ fettarm
+ Kind kann beim Zubereiten helfen
ca. 100 kcal/Stück
1 Std. Zubereitungszeit

VARIANTEN

Sie können die Zwiebeln auch weglassen. Und der Sesam kann durch eine Mischung aus Sonnenblumen- und Kürbiskernen sowie etwas Sesam ersetzt werden. Wenn Ihr Kind gern Knäckebrot knabbert, dann schneiden Sie aus dem ausgerollten Teig kleine, mundgerechte Rechtecke oder Quadrate aus.

Sesam-Zwiebel-Knäcke

1. Zwiebel abziehen und fein hacken. In der heißen Butter goldgelb braten. Haferflocken und beide Mehlsorten mit Backpulver, Zucker und Salz mischen. Öl und 100 Milliliter heißes Wasser mischen und über die Mehlmischung gießen. Zwiebeln zufügen und alles zu einem glatten Teig verarbeiten.

2. Den Teig auf einem leicht bemehlten Backbrett etwa messerrückendick ausrollen und in 12 x 5 Zentimeter große Rechtecke schneiden. Den Backofen auf 200 °C (Umluft 180 °C, Gas Stufe 3) vorheizen. Ein oder zwei Backbleche einfetten und die Brote darauf legen. Mit einer Gabel mehrmals einstechen. Das Eiweiß leicht verquirlen, die Brote damit bestreichen und sofort mit Sesam bestreuen. Im Backofen auf der mittleren Schiene 20 bis 30 Minuten backen.

KIND HILFT MIT

Teig kneten und ausrollen sind Arbeiten, die jedes Kind gerne macht. Bestreichen und mit Sesam bestreuen ebenso. Kleinere Kinder sind mit einem Arbeitsgang vollauf beschäftigt, während große ab etwa zehn Jahren diese Brote schon fast alleine backen können.

Knusprige Kräcker mit Haferflocken

1. Mehl, Haferflocken und Salz in einer Schüssel mischen. Die Butter in Flökkchen darüber geben. Das Ei trennen. Eigelb zum Mehl geben, Eiweiß kühl stellen. Die Eiswürfel in einer Tasse schmelzen lassen.
2. Mehl und Butter zu einem geschmeidigen Teig verkneten. Während des Bearbeitens teelöffelweise Eiswasser dazugeben. Den Teig zu einer Kugel formen und in Frischhaltefolie gewickelt mindestens 1 Stunde kühl stellen. Der Teig kann aber bis zu einem halben Tag im Kühlschrank ruhen.
3. Den Backofen auf 180 °C (Umluft 160 °C, Gas Stufe 2) vorheizen. Zwei Backbleche mit Backpapier belegen. Den Teig zwischen Frischhaltefolie dünn ausrollen und mit einem runden Plätzchenausstecher mit gewelltem Rand Kräcker ausstechen.
4. Kräcker auf die Bleche legen und mit leicht verquirltem Eiweiß bestreichen. Sofort mit Sesam und/oder Mohnsamen bestreuen. Im Backofen auf der mittleren Schiene 12 bis 15 Minuten goldgelb backen. Die Kräcker auf einem Kuchengitter abkühlen lassen.

ZUTATEN

175 g Weizenmehl (Type 1050)
75 g Instant-Haferflocken
1/2 TL Kräutersalz
125 g Butter
1 Ei
4 Eiswürfel
Sesam und/oder Mohnsamen

ca. 80 Stück
\+ gut vorzubereiten
\+ Kind kann beim Zubereiten helfen
ca. 25 kcal/Stück
50 Min. Zubereitungszeit
1 Std. Ruhezeit

KIND HILFT MIT

Plätzchen ausstechen und bestreuen – da sind alle mit Feuereifer dabei. Das Kind darf auch seine liebsten Ausstechformen verwenden, dann backen Sie eben einmal Kräcker in Form von Herzen oder Sternen!

CLEVER

Bewahren Sie die Kräcker in einer gut verschließbaren Dose auf. Kinder lieben es, an würzigem Gebäck zu knabbern. Geben Sie ihnen zu diesen gesunden Knabbereien Obstschnitze oder etwas angemachten Quark mit Kräutern, Radieschen oder Tomaten.

VARIANTE

Noch würziger schmecken die Kräcker, wenn Sie sie vor dem Backen mit verquirltem Eigelb bestreichen und mit etwas grob geraspeltem Käse bestreuen. Oder Sie mischen Kümmel oder beliebige getrocknete Kräuter unter den Teig.

ZUTATEN

3 EL Honig
75 g Butter
2 Msp. Lebkuchengewürz oder Zimt
etwas abgeriebene Zitronenschale
2 Eier
175 g Weizenmehl (Type 1050)
1/2 Päckchen Weinstein-backpulver
100 g gehackte Mandeln
250 g getrocknete Soft-Aprikosen
Puderzucker nach Belieben

60 Stück
+ fettarm
+ Kind kann beim Zubereiten helfen
+ Party-Rezept
ca. 45 kcal/Stück
1 Std. Zubereitungszeit

Aprikosenhäufchen

1. Den Honig mit der Butter langsam erwärmen, bis die Butter geschmolzen ist. Die Masse mit Lebkuchengewürz und Zitronenschale würzen. Etwas abkühlen lassen und die Eier unterrühren.

2. Mehl und Backpulver mischen und mit der Honigmasse zu einem glatten Teig verarbeiten. Mandeln und fein gewürfelte Aprikosen untermischen.

3. Zwei Backbleche mit Backpapier belegen. Den Backofen auf 160 °C (Umluft 140 °C, Gas Stufe 1) vorheizen. Mit zwei Teelöffeln kleine Häufchen auf die Bleche setzen und auf der mittleren Schiene 20 bis 25 Minuten backen. Nach dem Abkühlen eventuell mit Puderzucker bestäuben.

Haferkekse mit Bananen

Süße Kekse – lecker und supergesund! Ein Fitmacher-Snack für Ausflug und Spielplatz.

1. Die Butter erhitzen. Zucker, Vanillezucker, Salz und Haferflocken in einer Schüssel mischen und mit der heißen Butter beträufeln. Leicht abkühlen lassen. Ein Ei trennen und das Eiweiß kühl stellen. Eigelb und das ganze Ei zu der Haferflockenmischung geben. Haselnüsse untermischen.

VARIANTE

Statt der Aprikosen können Sie auch die gleiche Menge Rosinen verwenden. Und die gehackten Mandeln können durch gehackte Haselnüsse ersetzt werden.

KIND HILFT MIT

Teig rühren und Aprikosen würfeln – das machen viele Kinder gerne, wenn süße Kekse daraus werden. Für das Formen der Häufchen sind erfahrungsgemäß nur geschickte und ausdauernde Kinder länger als ein paar Minuten zu begeistern.

ZUTATEN

100 g Butter
75 g Zucker
1 Päckchen Vanillezucker
1 Prise Salz
175 g kernige Haferflocken
2 Eier
50 g gemahlene Haselnüsse
2 reife Bananen
125 g Mehl
2 Msp. Backpulver
Zimtpulver zum Bestreuen

30 Kekse
+ fettarm
+ Kind kann beim Zubereiten helfen
ca. 95 kcal/Stück
1 Std. Zubereitungszeit

2. Die Bananen schälen und mit einer Gabel zerdrücken. Mit dem Teig gründlich mischen. Mehl und Backpulver darüber sieben. Alles zu einem Teig verarbeiten und 30 Minuten kühl stellen.

3. Den Backofen auf 200 °C (Umluft 180 °C, Gas Stufe 3) vorheizen. Ein Backblech mit Backpapier auslegen. Aus dem Teig walnussgroße Kugeln formen, aufs Backblech setzen und flach drücken. Das Eiweiß halb steif schlagen und die Kekse damit bestreichen. Sofort mit etwas Zimtpulver bestreuen. Auf der mittleren Schiene im Backofen 15 bis 20 Minuten backen.

MENGENWEISE NÄHRSTOFFE

Die gesunden Haferkekse enthalten 0,7 mg Vitamin E, 36 µg Vitamin A, 0,05 mg Vitamin B1, 0,5 mg Eisen, 14,5 mg Magnesium und 68 mg Kalium.

ZUTATEN

250 g Quark (20 % Fett)
75 g Joghurt
2 Äpfel
Zitronensaft
1 Eiweiß
1 EL Zucker
4 TL Honig

4 Portionen
+ Blitzrezept
+ fettarm
+ Party-Rezept
+ Kind kann beim Zubereiten helfen
ca. 160 kcal/Portion
15 Min. Zubereitungszeit

Apfel-Quark-Creme

1. Den Quark mit dem Joghurt in einer Schüssel glatt rühren. Die Äpfel schälen und einen Apfel fein, den anderen etwas gröber zum Quark raspeln und sofort mischen. Mit Zitronensaft abschmecken.

2. Das Eiweiß halb steif schlagen. Den Zucker dazugeben und den Eischnee steif schlagen. Etwa 2 EL Apfelmasse unterheben. Die restliche Quark-Apfel-Creme in Schälchen oder hohe Gläser füllen. Den Eischnee darüber verteilen und vor dem Servieren mit etwas Honig beträufeln.

Orangensalat mit Knusperflocken

1. Die Haferflocken in einer Pfanne ohne Fett leicht rösten. Den Zucker einstreuen und karamellisieren lassen. Die Flocken zum Abkühlen auf einem Teller ausbreiten.

2. Die Orangen wie einen Apfel schälen und dabei auch die weiße Haut entfernen. Die Orangen in dünne Scheiben schneiden, eventuell vorhandene Kerne herauslösen. Die Knusperflocken darüber streuen und nach Geschmack etwas Honig darüber träufeln.

ZUTATEN

4 EL kernige Haferflocken
2 EL Zucker
2 Orangen
1 TL Honig

2 Portionen
+ Blitzgericht
+ Kind kann beim Zubereiten helfen
ca. 220 kcal/Portion
20 Min. Zubereitungszeit

VARIANTE

Wird Magerquark verwendet, muss dieser mit etwas Milch, Buttermilch oder Joghurt cremig gerührt werden. Der Quark kann auch mit zerdrückten Beeren oder in kleine Würfelchen geschnittenen Nektarinen oder Pfirsichen, Birnen, Orangen, Mangos, Kiwis, Ananas und Papayas zubereitet werden.

Obstspieße

1. Kiwi und Orange schälen, in dicke Scheiben schneiden und halbieren. Den Apfel und die Erdbeeren waschen und trockentupfen. Den Apfel vierteln und das Kerngehäuse herausschneiden.

2. Die Apfelviertel in mitteldicke Spalten schneiden. Die Stielansätze der Erdbeeren herausdrehen. Die Früchte abwechselnd auf Holzspieße stecken und sofort anrichten.

ZUTATEN

1 reife Kiwi
1 Orange
1 kleiner Apfel
4 dicke Erdbeeren

4 Portionen
+ Party-Rezept
+ Kind kann beim Zubereiten helfen
ca. 45 kcal/Portion
20 Min. Zubereitungszeit

Himbeereis

1. Das Eigelb mit dem Zucker in einem Schlagkessel über dem heißen Wasserbad cremig rühren. Die Schüssel in ein Gefäß mit Eiswasser stellen und die Creme kalt schlagen.

2. Himbeeren verlesen, zerdrücken und mit der Eimasse vermengen. Die Sahne steif schlagen und unter die Himbeercreme heben. In ein Gefäß geben und im Tiefkühlgerät fest werden lassen.

ZUTATEN

1 Eigelb
3 EL Zucker
200 g Himbeeren
200 g Sahne

4 Portionen
+ Blitzgericht
+ Kind kann beim Zubereiten helfen
+ Das schmeckt auch Kindergartenkindern
ca. 225 kcal/Portion
20 Min. Zubereitungszeit
12 Std. Gefrierzeit

CLEVER

Im Fachhandel gibt es Kunststoff-Förmchen für Eis am Stiel. Die angegebene Menge reicht für etwa sechs solche Förmchen.

VARIANTE

Die Himbeeren lassen sich auch gut durch Erdbeeren, Brombeeren, Heidelbeeren oder grob püriertes Mango- oder Pfirsichfleisch ersetzen. Bei sehr süßen Früchten einige Tropfen Zitronensaft zur Eismasse geben, bei sehr sauren eventuell die Zuckermenge etwas erhöhen.

Gebackene Banane im Knuspermantel

ZUTATEN

2 reife Bananen
1 Ei
1 EL Instant-Haferflocken
30 g kernige Haferflocken
20 g Mandelblättchen
Butterschmalz zum Backen
2 TL Honig

2 Portionen
+ Blitzgericht
+ Das schmeckt auch Kindergartenkindern
ca. 355 kcal/Portion
15 Min. Zubereitungszeit

1. Die Bananen schälen. Das Ei in einem flachen Teller verrühren. Haferflocken und Mandelblättchen in einem zweiten Teller mischen.
2. Butterschmalz in einer beschichteten Pfanne erhitzen. Die Bananen durchs Ei ziehen und in die Flockenmischung drücken. Im heißen Fett rundherum goldgelb backen und mit Honig beträufeln.

Götterspeise

ZUTATEN

9 Blatt rote oder weiße Gelatine
3/4 l ungesüßter Fruchtsaft
etwa 75 g Zucker
100 g Sahne

4–6 Portionen
+ Blitzgericht
+ Party-Rezept
+ gut vorzubereiten
ca. 270 kcal/Portion
15 Min. Zubereitungszeit
1 Std. Kühlzeit

1. Die Gelatine in reichlich kaltem Wasser einweichen. Den Fruchtsaft mit dem Zucker zum Kochen bringen. Den Saft vom Herd ziehen. Die Gelatine gut ausdrücken und in dem heißen, aber nicht kochenden Saft auflösen.
2. Die Götterspeise in kleine Schälchen füllen und im Kühlschrank am besten über Nacht fest werden lassen. Die Sahne steif schlagen und kleine Sahnetupfen auf die Götterspeise spritzen. Dazu schmeckt auch eine kalte Vanillesauce, am besten natürlich selbst gekocht.

CLEVER

Reine Fruchtsäfte ohne Zuckerzusatz gibt es in Reformhäusern und Bioläden. Gartenbesitzer haben vielleicht einen schönen Vorrat an leckeren Säften aus eigenen Himbeeren oder Johannisbeeren im Keller.

VARIANTE

Besonders hübsch sieht die Götterspeise aus, wenn Sie frische Kirschen oder Beeren einlegen: Glasschälchen zur Hälfte mit Götterspeise füllen und die Speise etwas gelieren lassen. Einige Früchte darauf legen und die restliche abgekühlte, aber noch nicht gelierte Götterspeise darüber gießen.

Rezeptregister

Sachregister

Wichtige Adressen

aid Infodienst Verbraucherschutz, Ernährung, Landwirtschaft e. V.
Friedrich-Ebert-Str. 3, 53177 Bonn
Tel.: 0228/849 90
E-Mail: aid@aid.de
www.aid.de
www.was-wir-essen.de

Bundeszentrale für gesundheitliche Aufklärung
Ostmerheimer Str. 200, 51109 Köln
Tel.: 0221/899 20
Fax: 0221/899 23 00
www.bzga.de

Bundesministerium für Verbraucherschutz, Ernährung und Landwirtschaft
Postfach 140270, 53107 Bonn
www.bml.de
www.verbraucherministerium.de

Deutsche Gesellschaft für Ernährung e. V.
Godesberger Allee 18, 53175 Bonn
Tel.: 0228/377 66 00
Fax: 0228/377 68 00
E-Mail: info@dge-medienservice.de
www.dge-medienservice.de
(zahlreiche Broschüren rund um das Thema Kinderernährung)

Forschungsinstitut für Kinderernährung Dortmund
Heinstück 11, 44225 Dortmund
Tel.: 0231/792 21 00
Broschürenbestellung:
Tel.: 0180/579 81 83
E-Mail: fke@fke-do.de
www.fke-do.de

KATALYSE e. V.
Institut für angewandte Umweltforschung
Remigiusstr. 21, 50937 Köln
Tel.: 0221/944 04 80
Fax: 0221/944 04 89
E-Mail: info@katalyse.de
www.katalyse.de
(Dieser Verein hat es sich zur Aufgabe gemacht, die Öffentlichkeit über gesundheitsschädliche Umwelteinflüsse aufzuklären. Das Institut bietet auch eine Verbraucherberatung an.)

Verbraucherzentrale Bundesverband e. V.
Markgrafenstr. 66
Besuchereingang: Kochstr. 22
10969 Berlin
Tel. 030/25 80 00
E-Mail: info@vzbv.de
www.vzbv.de
www.Verbraucherzentrale.com
(Auskunft zu verbraucherbezogenen Fragen, unter anderem auch Ernährung)

Hilfe für übergewichtige Kinder:

Ambulante Therapie für adipöse Kinder FITOC
Medizinische Universitätsklinik
Hugstetter Str. 55, 79106 Freiburg
www.fitoc.de

Arbeitsgemeinschaft Adipositas im Kindes- und Jugendalter
Universitätsklinik Ulm
Prittwitzstr. 43
89075 Ulm
www.a-g-a.de

Kinderleicht
Kampagne des Verbraucherschutzministeriums unter der Schirmherrschaft von Renate Künast
www.kinder-leicht.net

Moby Dick
Präventionszentrum Dr. C. Petersen
Lilienstr. 36, 20095 Hamburg
Tel.: 040/32 52 74 21
www.mobydickhamburg.de

Multidisziplinäres Betreuungskonzept für adipöse Kinder und Jugendliche am Berliner Universitätsklinikum Charité
Augustenburger Platz 1, 13353 Berlin
Tel.: 030/45 06 66 15

»Obeldicks«
Vestische Kinderklinik Datteln
Universität Witten/Herdecke
Dr.-Friedrich-Steiner-Str. 5
45711 Datteln
Tel.: 02363/97 52 29
Fax: 02363/97 52 25
www.kinderklinik-datteln.de/obeldicks.htm
(»Obeldicks« ist ein einjähriges ambulantes Programm zur Behandlung des Übergewichts von Kindern und Jugendlichen.)

Auch die folgenden Internet-Adressen informieren Sie über gesundes und ökologisch einwandfreies Essen:

www.eurotoques.de
www.stiftung-warentest.de
www.oekotest.de
www.greenpeace-magazin.de (Fischeinkauf)
www.genfood.at

Selbsthilfegruppen für allergiegeplagte Kinder:

Arbeitsgemeinschaft Allergiekrankes Kind e. V.
Nassaustr. 32, 35745 Herborn
Tel.: 02772/928 70
Fax: 02772/95 74 03
www.aak.de
(Eltern-Selbsthilfeorganisation, Hilfen für Kinder mit Asthma, Ekzem oder Heuschnupfen)

Deutscher Allergie- und Asthmabund e.V.
Fliethstraße 114
41061 Mönchengladbach
Tel.: 02161/81 49 40
Fax: 02161/814 94 30
www.daab.de

Deutscher Neurodermitis Bund
Spaldingstr. 210, 20097 Hamburg
Tel.: 040/23 03 10
Fax: 040/23 10 08
Experten-Hotline:
Tel.: 01801/36 03 60
www.dnb-ev.de

Deutsche Zöliakie-Gesellschaft e. V.
Filderhauptstr. 61, 70599 Stuttgart
Tel.: 0711/45 99 81-0
Fax: 0711/45 99 81-50
www.dzg-online.de

Bibliografische Information: Die Deutsche Bibliothek
Die Deutsche Bibliothek verzeichnet diese Publikation in der Deutschen Nationalbibliografie; detaillierte bibliografische Daten sind im Internet über http://dnb.ddb.de abrufbar.

Wichtiger Hinweis
Die im Buch veröffentlichten Ratschläge wurden mit größter Sorgfalt von Verfasserin und Verlag erarbeitet und geprüft. Eine Garantie kann jedoch nicht übernommen werden. Ebenso ist eine Haftung der Verfasserin bzw. des Verlages und seiner Beauftragten für Personen-, Sach- oder Vermögensschäden ausgeschlossen.

Projektleitung: Caroline Colsman
Redaktion: Dorothea Steinbacher
Bildredaktion: Sylvie Busche (Ltg.), Margit Schulzke
Umschlagfotos: Brigitte Sporrer

Fotos: Bananastock S. 19, 24, 50, 56, 60, 61, 68, 73, 77, 95;
Imagesource S. 45, 50, 82; PhotoDisc S. 30;
alle anderen: Brigitte Sporrer

Bitte besuchen Sie uns im Internet:
www.knaur-ratgeber.de

Food-Styling: Julia Skowronek
Wir danken den Firmen Designers Guild für die Tischwäsche sowie Apartement München für das Melamin-Geschirr
Illustrationen: Klaus Dursch
Berechnung der Nährwerte:
Dr. Silke Hylla
Umschlagkonzeption, Layout und Satz: Dorothee Griesbeck,
Die Buchmacher, München
Herstellung: Dagmar Guhl
Reproduktion: Premedia, Wels
Druck und Bindung:
Printer, Trento
Printed in Italy

ISBN 13: 978-3-426-64251-1
ISBN 10: 3-426-64251-4

5 4 3 2 1